Cristo

EN EL CENTRO DE LA PAREJA

El amor cristiano
en la vida de pareja

Martha y Jaime Whitford

LIBROS
LIGUORI

Imprimi Potest:
Harry Grile, CSsR, Provincial
Provincia de Denver, los Redentoristas

Publicado por Libros Liguori
Liguori, Missouri 63057

Pedidos al 800-325-9521 o visite Liguori.org

Library of Congress Cataloging-in-Publication Data
Whitford, Martha.
    Cristo en el centro de la pareja / Martha y Jaime Whitford. — 1. ed.
      p. cm.
    Includes bibliographical references
    1. Marriage—Religious aspects—Christianity. I. Whitford, Jaime. II.
Title.
    BV835.W5165 2012
    248.8'44—dc23

                          2012044889
    p ISBN 978-0-7648-2248-3
    e ISBN 978-0-7648-2248-3

Las citas bíblicas son de la Biblia Latinoamericana, en Sobicain.org. Usada con permiso. Todos los derechos reservados.

Libros Liguori, una organización sin fines de lucro, es un apostolado de los Padres y Hermanos Redentoristas. Para más información, visite Redemptorists.com.

El presente libro es una versión pastoral del libro *Cristo en el centro de la pareja* (edición personal), publicado en Phoenix, AR, en 2011.

Diseño de portada: Joy Byrd. Imágen de la portada: Shutterstock

Impreso en los Estados Unidos de América
24 23 22 21 20 / 6 5 4 3 2
Primera edición

A mi Esposa
Martha Elena,
la maestra perfecta
que Dios escogiera
para enseñarme a amar.
(Jaime)

Mi infinito agradecimiento a Dios
por haber puesto en mi vida
a mis padres Manuel y Elma,
a mi esposo Jaime,
a nuestros hijos Mauricio, Elma, Jim, Jaime Jr. y Erika,
a nuestra nieta Heidi;
y por los próximos nietos
que seguramente estarán en su divino plan.
(Martha)

Índice

Introducción 7

Capítulo I: La cultura actual y la relación de pareja..... 11

El deseo de poder 11

La autoridad vista como algo sospechoso.......... 17

La verdad y la moral 18

Historias personales diferentes 22

Aceptar que existe una verdad y una moral real,
no subjetiva 23

¿Y referente al pecado? 25

Consumismo................................. 26

Individualismo, compromiso y fidelidad. 32

Capítulo II: La espiritualidad del amor............... 49

¿Qué es lo que define a la pareja?................. 49

Cristo nos llama a ser capaces de asumir
un compromiso................................ 52

Jesús nos pide que seamos una persona nueva...... 63

Cristo en el centro de la relación de pareja:
la parábola del Buen Samaritano................. 67

¡El amor en su forma más radical! 75

Capítulo III: El perdón en la relación de pareja 89

El rol de la compasión......................... 89

Breve análisis de la Parábola del Hijo Pródigo...... 91

La necesidad del perdón en la relación de pareja ... 103

Perdonar no es olvidar 111

Ejercicio 112

Bibliografía..................................... 118

Introducción

El tema central de este libro es la relación de pareja y cómo hacer presente el amor de Cristo en nuestra vida personal, en nuestra relación de pareja, en nuestra familia, en nuestra comunidad y en la sociedad en general. El Santo Padre Juan Pablo II comenta que una de las características más significativas de nuestro tiempo es la crisis de sentido. Crisis que se manifiesta, entre otras cosas, en la ausencia del amor de Cristo en nuestras vidas. Por esto, nuestro principal interés en este libro es reflexionar en esta crisis y mostrar que es posible que el amor de Cristo viva todos los días en nosotros, que imitemos al Señor viviendo a fondo nuestro bautismo.

Al tomar la decisión de creer, decidimos seguir a Cristo. Hacemos nuestros valores como el amor, la generosidad y el servicio al otro, valores que caracterizan al cristiano. El Papa Benedicto XVI nos dice claramente que, ante la crisis actual, el valor fundamental y primordial de los cristianos debe ser la fidelidad a la verdad, combinada con el amor, entendido de manera correcta.

Jesús señaló de manera directa que "lo que sale del interior del hombre es lo que mancha al hombre" (Mt 15:18). Podemos partir desde este punto de vista para destacar la necesidad de hacer un cambio en nuestras vidas en orden a transformarnos a nosotros mismos y a los demás.

El ser humano solo tiene la capacidad de cambiarse a sí mismo, pero no a otros. Sin embargo, cuando permite ser cambiado por alguien cercano, entonces se dirige hacia algo mejor. Con frecuencia se cree que el problema está en el matrimonio; pero no, está en la forma en que las personas se tratan dentro del matrimonio. John Gottman explica que lo que pensamos acerca de nuestro cónyuge, así como lo que pensamos acerca de la relación que tenemos, es lo que determina la salud del matrimonio. Todos los autores coinciden en que los cambios no se dan de la noche a la mañana, sino que toman tiempo, esfuerzo y constancia.

Estamos absolutamente convencidos de que la única forma de vivir el amor de Cristo en nuestra relación de pareja es a través de un cambio total y radical, de una conversión de la persona. La gran pregunta es: ¿cómo lograr esa transformación? Es indispensable experimentar un encuentro con Cristo para que esta conversión sea posible.

La sociedad actual pide un cambio en el hombre, en la mujer, en nuestra relación de pareja, en la familia y en la comunidad en general. En esto consiste una de las metas fundamentales de este libro: presentar al lector el modelo veraz de Cristo para vivirlo en cada momento de nuestras vidas, a pesar de las circunstancias. Jesús nos enseñó claramente: "Yo soy el camino, la verdad y la vida" (Jn 14:6). Así mismo nos dijo que "había venido a mostrarnos la verdad" (Jn 18:37).

Creemos firmemente que el modelo de Jesucristo da sentido a nuestras vidas, modelo que está basado en:

Conocer a Dios. Jesús nos indicó que conociéndolo a Él conoceríamos al Padre (Jn 14:7).

Luego amarlo. Para amarlo necesitamos conocerlo, entenderlo, aceptarlo y vivir en Él.

Amar al prójimo. En los otros es donde encontramos a

Dios. Para los que vivimos en matrimonio, la presencia de Dios está primeramente en nuestra pareja y en nuestros hijos.

Participar en la construcción del Reino de Dios, promoviendo un mundo de unidad y amor.

Seguimos el modelo de Jesús siendo compasivos, perdonando, orando, respetando, sirviendo y dándonos unos a otros; siendo fieles, depositando toda nuestra confianza en Dios y haciendo su voluntad.

El Santo Padre Juan Pablo II, en su Encíclica *Fides et Ratio*, nos habla de la importancia de responder a las preguntas: ¿quién soy yo?, ¿de dónde vengo y hacia dónde voy?, ¿por qué existe el mal?, ¿qué hay después de esta vida? Nos dice que estas son las mismas preguntas que, a través de los siglos, distintas religiones, culturas y pensadores se han hecho y han visto como las fundamentales para encontrar un sentido a la existencia humana. De la manera en que respondamos a esas preguntas –nos sigue diciendo–, dependerá la dirección que daremos a nuestras vidas.

Autores como Timothy Radcliffe sostienen que un punto esencial en la misión del cristianismo es precisamente mostrar que la vida humana tiene un sentido, que existe un fin último. En efecto, creemos que el sentido definitivo para nuestras vidas nos viene dado por el amor de Dios, origen y destino nuestro, principio y fin de toda la Creación.

Diácono Jaime Whitford y Martha Whitford
Chandler, Arizona, abril de 2012.

Capítulo I

La cultura actual y la relación de pareja

Los invitamos a reflexionar sobre algunas concepciones del mundo, del hombre, de la mujer y de la sociedad, y cómo ellas influyen en nuestra manera de vivir, especialmente en la relación de pareja. Estamos viviendo en un mundo, en una sociedad, donde con frecuencia se niega a Dios y donde muchas veces no predominan las enseñanzas de Jesús.

El deseo de poder

Podemos encontrar personas que rigen sus vidas por el deseo del poder en los ámbitos de la política, la economía, instituciones sociales, grupos, etc. Nos referimos a relaciones en las que un individuo o grupo trata de dominar a otro. Esto incluye también las relaciones de pareja, en las que con frecuencia uno aspira a dominar al otro.

En la relación de pareja se puede llegar a tener como objetivo fundamental usar al otro a fin de lograr la propia satisfacción. Su santidad Juan Pablo II sostiene que la esencia del deseo de poder consiste precisamente en querer convertir al otro en un objeto. Esto se reflejará en la relación de pareja en forma de una lucha constante por ejercer el poder, del hombre sobre la mujer o viceversa. Esto forma una dinámica en la cual el otro, a su vez, va a hacer todo lo posible para resistirse a la imposición del poder. Será una relación en donde cada uno de los participantes estará invirtiendo todas sus energías en imponerse al otro o a la inversa, en "quitarse de encima" al otro. No habrá ni tiempo ni energía para convertir a esa pareja en algo creativo, donde cada uno ponga todo de su parte para hacer una relación sólida, llena de confianza y con metas comunes que los guíen al futuro.

Hay una conocida expresión que dice: "Aquí yo soy quien lleva los pantalones". Aquí puede estar reflejada esa voluntad de poder. Los mexicanos, por ejemplo, usan una palabra especial para referirse a un hombre que no "lleva los pantalones". Le llaman "mandilón", diciendo con ello que, en cierta forma, no está aplicando eficazmente el esquema machista.

En un esquema machista, el hombre y la mujer no tienen los mismos derechos y obligaciones. No son iguales. El hombre está en un nivel superior que la mujer. Esta expresión hace pensar que el hombre ha bajado y la mujer ha subido. Con la expresión "mandilón" se pueden estar ridiculizando los intentos de lograr un equilibrio dentro de la pareja, esto es, igualdad en derechos y obligaciones, y respeto mutuo.

En suma, el que el hombre y la mujer tengan los mismos derechos y obligaciones es visto como insano y, por el contrario, una relación donde prevalezca la falta de respeto a la mujer, es vista como sana. Traer el amor de Cristo a la relación de pareja implica necesariamente dejar atrás este tipo de visión del mundo y de la vida. Es mirar al otro como Cristo lo ve.

La búsqueda del poder a través del control del otro

El poder y el control se entremezclan tanto que tendemos a confundirlos. Muchas veces nos resulta difícil diferenciarlos porque el poder usa el control y viceversa. Por ello nos rebelamos ante todo lo que sentimos que nos quiere dominar, controlar, reprimir.

Como ya lo mencionamos, la dinámica que se crea cuando se adopta una lógica de poder, es que mientras uno busca dominar, el otro trata de defenderse. En esta dinámica se invierte –y desaprovecha– una inmensa cantidad de energía. ¡El gasto de energía es increíble!

La persona que busca control y poder, con el fin de alcanzar estima y respeto, está dispuesta a engañar, manipular y coaccionar a los otros. Se cuenta que al rey Federico de Prusia le gustaba estar presente mientras torturaban a sus súbditos y que mientras eran torturados, les ordenaba que no le temieran, sino que lo amaran. Desgraciadamente, comportamientos similares siguen ocurriendo en nuestros días, si bien en un grado inferior, pero en esencia iguales. Esto sucede, por ejemplo, cuando alguien hiere a su pareja física o psicológicamente y después desea que esa persona le demuestre afecto.

Si el amor de Cristo vive en nosotros, sucederá todo lo contrario. El apóstol san Juan nos dice claramente que donde hay amor no puede haber temor, el que ama, no puede temer (1 Jn 4:18). Si realmente queremos amar y ser amados, tenemos que hacer todo lo posible para que en el corazón de nuestra pareja no exista ningún tipo de temor ni rencor hacia nosotros.

Además de lo mencionado anteriormente, el afán de poder y control puede manifestarse también a través de:

1. Nuestra incapacidad para asumir la responsabilidad por nuestro propio enojo o conductas similares. Con frecuencia –y para colmo– se da el caso de hombres que acusan a la mujer de ser responsable de lo que ellos hicieron. Recordamos a un hombre que nos decía: "Es que ella me da motivos para ponerme celoso y ella sabe que eso me descontrola. Ya después no sé ni lo que hago..."

2. En pocas palabras, además de evadir la responsabilidad por su error, sigue con el abuso al querer hacer culpable al otro de la agresión, cuando en realidad solo la persona en cuestión es la única responsable de su conducta. De esa forma pierde la oportunidad para reparar el daño cometido y, lo peor, para cambiarse a sí mismo y convertirse en alguien más íntegro y sano.

3. Muchas veces, cuando no se da un cambio real y sincero, lo que se da es que, después de las malas palabras y ofensas, se presenta un supuesto arrepentimiento que suele ser pasajero. Aparecen frases como: "perdóname, te prometo que no lo vuelvo a hacer". Esto, en el fondo, es una forma rápida de salir del conflicto; pero, en el fondo, no se está dando un verdadero cambio en la persona. Hay ocasiones en que esa disculpa viene solo unos minutos después de haber agredido y maltratado al otro.

4. Con frecuencia el hombre pide a su compañera, como prueba de amor y de que ha sido perdonado, el tener relaciones sexuales. Una mujer nos decía: "Ni siquiera me había limpiado la sangre causada por sus golpes, cuando ya me estaba pidiendo que fuera a tener rela-

ciones con él como muestra de que ya lo había perdonado, como muestra de que verdaderamente lo amo".

5. Hemos escuchado historias de mujeres que, después de haber sido agredidas física, verbal y emocionalmente, reciben nuevamente el mismo maltrato por negarse a tener relaciones sexuales como muestra del perdón otorgado, es decir, son agredidas por el mismo hombre que hacía unos minutos pedía perdón y que –supuestamente– estaba arrepentido de lo que había hecho…

Glasser sostiene que esta tensión controlador–controlado crea depresión, ansiedad, enojo y miedos, porque el control nunca va a funcionar, es una relación anómala. Las parejas que son más felices, son aquellas parejas que no buscan controlar al otro, sino que lo respetan y desean que sea él o ella misma.

La diferencia entre "control" y "reglas"

Tenemos que diferenciar claramente el control de las reglas. Es importante reconocer que otros seres humanos existen y que tienen los mismos derechos. Las reglas son necesarias para la convivencia humana. Nos olvidamos muy rápidamente de esto y de que es necesario que existan acuerdos mutuos que regulen la relación. Esto no es control, es beneficiarse del respeto mutuo.

Pongamos un ejemplo. Para que todos los que nos hallamos en las calles estemos seguros, es necesario que existan reglas de tráfico y que todos, sin excepción, las respetemos. Cuando nosotros conducimos nuestros autos, asumimos que todos conocen, entienden y respetan las reglas. Así, cuando la luz roja está encendida, tenemos que detenernos. Una señal de alto nos indica que tenemos que parar. ¿Son todas estas señales formas de control o son regulaciones para ayudarnos en la convivencia con otros?

Para orientarnos en nuestra convivencia cotidiana, Dios nos dio unas "normas de tráfico". Dichas normas son los mandamientos: amar a Dios sobre todas las cosas y a nuestro prójimo como a nosotros mismos. Los diez mandamientos son una concreción de esos dos grandes mandamientos.

Cuando ofendemos a nuestros padres, cuando favorecemos la muerte física o moral del prójimo (maledicencia, aborto, tráfico de estupefacientes, etc.); cuando somos infieles a nuestra esposa o esposo con nuestros pensamientos o con nuestro cuerpo; cuando no guardamos la castidad en aquellos períodos en que nuestra compañera o compañero no están en condiciones de tener relaciones; cuando no le damos a nuestra pareja el lugar que le corresponde; cuando vemos y usamos a nuestra pareja como objeto de placer, de satisfacción y beneficio personal; cuando somos injustos; cuando cedemos a los pecados capitales de orgullo, codicia, lujuria, ira, gula, envidia y pereza; cuando nos apropiamos de lo que no nos pertenece, etc., no estamos escuchando la advertencia del apóstol san Pablo: "No dejen que el pecado tenga poder sobre este cuerpo —¡ha muerto!— y no obedezcan a sus deseos" (Rom 6:12).

¿Queremos vivir el amor de Cristo? Es simple, en Gálatas 5:24-25 se nos dice que los que somos de Cristo, logramos controlar nuestra propia carne y nuestras pasiones. Si verdaderamente vivimos en el Espíritu de Dios, entonces también podemos proceder según el mismo Espíritu.

La autoridad vista como algo sospechoso

Una actitud que se deriva de la visión relativista, subjetivista y utilitarista del mundo puede ser la rebeldía y suspicacia hacia personas o instituciones que se presentan con cierta autoridad. Este rechazo, en ocasiones, tiene por objeto a la autoridad de la Iglesia como institución formadora de valores morales. Esta suspicacia puede presentarse incluso en nosotros cuando aceptamos las enseñanzas de la Iglesia solo en parte y terminamos por elaborar nuestro propio "catolicismo". Aceptamos solo aquello en lo que estamos de acuerdo y rechazamos lo que creemos que no corresponde a nuestra realidad.

Esto se puede ver, por ejemplo, en las reticencias para aceptar la doctrina de la Iglesia sobre el uso de anticonceptivos o, incluso, su oposición al aborto como forma directa de atentar contra la vida de un inocente.

Con frecuencia, la gente no tiene una disposición de docilidad para aceptar la guía moral de Iglesia. Muchos de ellos piensan que la Iglesia está desfasada, que se quedó en el siglo pasado y que no entiende realmente lo que está sucediendo en el mundo actual.

Para muchas personas lo más importante es que, de acuerdo con la ley civil, no están cometiendo ningún delito. Sienten que, al no ser perseguidos por la ley, no están cometiendo un acto inmoral. Les cuesta trabajo entender que una ley puede ser inmoral, aunque haya sido proclamada legítimamente.

Otro caso de esas leyes es la pena de muerte, que en algunos estados de nuestro país es legal. La Iglesia Católica enseña que solo Dios puede disponer sobre la vida humana, por lo tanto está y siempre estará en contra de la pena de muerte aplicada en circunstancias en que no pueda constituir un acto de legítima defensa por parte de la sociedad.

A veces se critica a la Iglesia por no escuchar el parecer de la mayoría. La doctrina de la Iglesia, que es el mensaje de Cristo, no puede depender de las últimas encuestas de opinión o de las posturas que socialmente son más populares. La Iglesia tiene que ir al mundo, pero no para amoldarse al mundo, sino para transformarlo. Hace exactamente lo que Jesús hizo: fue adonde estaban los pecadores, pero no para amoldarse a la vida del pecado, sino para transformarlos, para provocar en ellos un proceso de conversión.

La verdad y la moral

"Yo soy el camino, la verdad y la vida"

(Juan 14:6)

Nuestro Papa Benedicto XVI nos llama la atención sobre el hecho de que, en ocasiones, se quiere definir la moral a través de estadísticas. Pero nos alerta al explicarnos claramente que las estadísticas no definen la moral. No se pueden convertir las encuestas de opinión en el criterio de las decisiones políticas, porque los políticos parecen estar más preocupados de los votos que de responder a la pregunta: ¿qué es lo correcto?

En este subjetivismo, relativismo, utilitarismo, etc., la fe no juega ningún papel; no nos ayuda a distinguir correctamente entre lo bueno y lo malo, pareciera que ya no son conceptos universales sino simplemente individuales los que se toman en cuenta. Observamos con preocupación cómo estos conceptos son definidos por el individuo mismo como él ve, piensa y siente. Es peligroso convertir nuestros valores en principios absolutos y creer que el resto del mundo no es tan inteligente como nosotros, porque entonces, ¿para qué perder tiempo pensando en cuáles son los conceptos o valores de los otros?

Básicamente la lógica es: "Si me sirve, es bueno; si no me sirve, es malo. Si me hace sentir bien, es bueno; si no, es malo". Se trata de una actitud subjetivista: ¿satisface o no a mis deseos y necesidades personales?, ¿me hace sentir bien esto que estoy haciendo, independientemente de que alguien o la fe me digan lo contrario? Aquí lo más triste es que muchas veces ni siquiera pensamos que podemos lastimar a alguien a quien decimos amar.

Estos modelos nos dicen que cada uno de nosotros tiene el derecho y la capacidad de crear su propia verdad y su propia moral. En suma, la nueva filosofía de la vida es que la moral del mundo es tan válida como la mía. Nadie tiene derecho a contradecir mi propia moral simplemente porque, al igual que yo, todos han creado su propia moral, la cual es válida única y exclusivamente para uno mismo.

Pensemos por un momento: ¿cómo puede funcionar una relación de pareja en la que el criterio de verdad esté definido por cada uno, con la realidad consecuente de que la propia verdad y moral sea quizás opuesta a la del otro?, ¿cómo podría una situación así dar a los miembros de esa relación una sensación de seguridad, de estabilidad, de confianza?

Una señora nos hablaba de su preocupación por el tiempo que su compañero pasaba en internet "hablando con una amiga".

Señora: "Tú pasas horas comunicándote con ella".

Señor: "¿Qué hay de malo?"

Señora: "Es que no me parece que sea correcto".

Señor: "¿Por qué? Yo no siento que esté haciendo algo malo. No me estoy acostando con ella".

Señora: "No estoy diciendo que te estés acostando con ella, pero le estás dando un tiempo en el que no estamos juntos tú y yo. Estás compartiendo intimidades, cosas muy personales. Y eso incluso no lo haces conmigo..."

Señor: "Tú y tus celos, ahora hasta de una computadora estás celosa".

Señora: "Por eso hemos venido aquí, para que alguien nos ayude a establecer quién está en lo correcto en esta situación que estamos viviendo. Yo veo que no te haré cambiar de opinión de que no hay nada malo en lo que estás haciendo..."

Señor: "A mí nadie me va a decir si estoy en lo correcto o no. Yo ya estoy bastante "crecidito" para pensar por mí mismo acerca de lo que es correcto o no ¿Crees tú que aún soy un niño?"

Si hacemos un breve análisis, observamos que la señora:

- Está dirigiendo su atención a la forma en que están funcionando como pareja.

- Considera que se están presentando situaciones que debilitan la relación de pareja. Está haciendo esfuerzos por afrontarlas y buscar soluciones efectivas.

- ¿Qué era lo que, según esta señora, estaba mal? En su manera de ver lo que estaba mal era que su esposo invirtiera demasiado tiempo comunicándose con otra mujer.

- Al mismo tiempo lo está invitando a reflexionar acerca del estado actual de su relación de pareja.

- Está solicitando que respete la intimidad de pareja, que compartan más tiempo como pareja, que establezcan límites a los que están fuera de la relación.

- Reconoce y acepta que la situación ha llegado a un grado en que se siente incapaz de enfrentarla por sí misma.

- Da pasos concretos para buscar ayuda externa, a fin de que ellos, como pareja, encuentren soluciones a sus problemas.

En cuanto al señor, podemos ver que:

- No tiene conciencia o pretende ignorar que hay problemas en su relación actual de pareja.
- Como piensa que no hay problemas, no muestra una disposición para reflexionar en el estado actual de su relación.
- Al ser confrontado por su compañera acerca de su conducta niega que esté haciendo algo inadecuado.
- No solo asume una conducta defensiva, sino agresiva; en lugar de enfocarse en lo que su señora está planteando como un problema, desvía la atención: el problema ahora ya no es que él esté invirtiendo mucho tiempo comunicándose con otra mujer, ni tampoco que esté compartiendo intimidades: el problema son los celos de su mujer.
- Según este señor, entonces, a quien se debe ayudar es a su mujer porque está tan mal que hasta ha desarrollado celos hacia una computadora.
- Finalmente, cierra toda posibilidad de diálogo ya que insiste en que él está bastante crecidito como para que otra persona le pueda decir lo que está bien o mal.

Ante este escenario, preguntémonos: ¿Será posible tener una buena relación de pareja cuando cada uno tiene su propia definición de lo que es correcto, de lo que es malo, de lo que es moral?

Estamos ante una situación totalmente opuesta a lo que sería lo más apropiado: que juntos fomenten y construyan valores morales comunes, aceptados y respetados por ambos, regulados por la fe y el amor.

Historias personales diferentes

No estamos diciendo que ambos tienen que pensar o sentir igual. Qué bueno si es así. Lo que generalmente va a suceder es que cada uno va a tener un punto de vista particular. El simple hecho de que uno de ellos sea mujer y el otro hombre hará que tengan puntos de vista diferentes. Ella va a percibir el mundo a través de *su ser como mujer* y él de su *ser como hombre*. Cada uno conduce su historia, experiencia y vivencia personal, tiene "una cultura", la cual tiene el potencial de enriquecer la unión conyugal, de complementarse el uno con el otro.

A veces asumimos o damos por un hecho que si los dos provienen de la misma cultura, por ejemplo, si los dos son mexicanos, entonces no van a tener conflictos. En realidad no siempre es así. Aun siendo dos personas que tengan la misma nacionalidad, van a tener dos formas distintas de ver el mundo. Aun si dijéremos que estas dos personas fueron criadas en la misma ciudad, en el mismo barrio; aun si estas dos personas eran vecinos, van a tener diferencias en la forma de ver las cosas. La cultura de cada familia es diferente, nunca va a haber dos familias iguales.

Lo central aquí es analizar cuál es mi actitud ante lo que el otro piensa. Es muy importante tomar conciencia de que el punto de vista de uno tiene el potencial de ser recibido y tomado en cuenta en el enriquecimiento del punto de vista del otro. Aunque uno esté pensando en el sur y el otro en el norte, lejos de que esto se convierta en un punto de conflicto, con una actitud positiva, más bien se llegará a la conclusión de que ahora, los dos, podemos saber qué es lo que hay en el norte y en el sur, pues antes solo conocía lo que había en el norte o en el sur. Estas diferencias de criterio, de pensar, de sentir, de ser, pueden ser signo de salud en la relación y convertirse en el terreno fértil para favorecer la madurez y compenetración de ambos.

Lo sano está dado por el hecho de que, aun teniendo dos puntos de vista diferentes, ambos están mirando y caminando juntos hacia una meta común.

Aceptar que existe una verdad y una moral real, no subjetiva

En su Evangelio, el apóstol Juan nos dice que Jesús vino al mundo para dar testimonio de la verdad (Jn 18:37). Confrontar nuestras concepciones del mundo quiere decir que, aunque yo tengo la inteligencia para formarme una visión de la verdad y la moral, existe objetivamente una realidad, una verdad, una moral, ante la cual debo de evaluar la validez de lo que pienso y siento.

Nos ha gustado mucho lo que sucede cuando pedimos a las personas que nos digan qué es lo que ven cuando les presentamos un dibujo parecido a este:

- La primer respuesta generalmente es: es la letra "E".
- Hay personas que tienen dificultades en aceptar que, desde otra perspectiva, es posible ver un número "3".
- Igualmente, desde otra perspectiva, es posible ver la letra "M".
- Otra posible respuesta es la letra "W".

¿Cuál es el mensaje que queremos transmitir?

- Que es correcto, cada quien tiene el derecho y la inteligencia de ver e interpretar la realidad.

- Que es posible tener diferentes opiniones acerca de la misma situación que estamos viviendo.

- Pero que, en vez de estar discutiendo sobre quién tiene la razón, es mejor invertir nuestras energías y nuestro tiempo en ponernos en el lugar del otro, tener empatía, como única vía para entender cómo es posible que el otro pueda ver algo diferente de lo que yo lo veo.

- Al mostrar una actitud abierta, de invertir esfuerzos por entender al otro, estoy dándome la oportunidad de ver la situación de manera más amplia y completa.

- Es decir, me estoy permitiendo crecer, madurar: por una parte, estoy respetando al otro y, por otra, amplío mi capacidad de ver el mundo y la vida.

- Que aun pudiendo ver las cosas desde mi punto de vista, siempre necesito confrontar lo que pienso y siento con la realidad externa. La pregunta siempre tiene que ser: ¿lo que pienso y siento está apoyado por una realidad que existe independientemente de mi voluntad y mis deseos?

- Es primordial entender que lo que me mantiene en contacto con la realidad es confrontar mis sentimientos, pensamientos y acciones con esa realidad objetiva de manera constante y permanente.

¿Y referente al pecado?

En estas concepciones subjetivistas, relativistas, utilitaristas, como lo hemos venido señalando, si cada uno de nosotros es quien define lo que es la verdad, lo moral o inmoral, lo que es bueno o malo, entonces es fácil concluir que cada uno de nosotros somos quienes definimos qué es pecado, así como también, su gravedad. El pecado, dicen, es un asunto de definición personal. La realidad es que la esencia de la definición del pecado nunca podría estar basada en una definición particular, personal.

En su exhortación apostólica *Reconciliatio et Paenitentia*, el Santo Padre Juan Pablo II menciona cómo el secularismo ha contribuido a la pérdida del sentido del pecado. Por ello no nos debe sorprender que muchas personas, incluyéndonos quizás a nosotros mismos, ya no nos acerquemos con tanta frecuencia al sacramento de la Reconciliación.

En una ocasión, conversando con una pareja, la mujer mencionaba que se sentía herida emocionalmente por la infidelidad de su esposo. El hombre, por su parte, decía que él no entendía cuál era el problema. Desde su punto de vista, salir con otra mujer era precisamente lo que hacen todos los hombres. Es decir, según él, lo que estaba haciendo era lo más normal del mundo, lo que se espera que haga un hombre "de verdad". No tenía la más mínima capacidad para entender por qué su esposa se sentía herida. Más aún, en un momento de la entrevista el hombre preguntó a su esposa: "entonces, ¿qué quieres?, ¿que deje de hacer lo que un hombre normal hace y que salga con otro hombre?".

Este hombre no podía –o no quería– entender que lo que él estaba haciendo era algo inmoral. Para él, él no estaba faltando a ningún compromiso de fidelidad. La fidelidad para él consistía simplemente en un "estoy con ella, no la he dejado por otra".

Lo que este hombre se decía a sí mismo era: ¿Cuál pecado? ¡Yo estoy haciendo lo más normal del mundo, yo estoy haciendo lo que se espera que un hombre haga! Si estar con otra mujer me hace sentir bien, quiere decir que está bien y estoy respondiendo a mi hombría, a lo que yo soy. Quien debe de examinarse es ella –la esposa–, pues es ella la que se está sintiendo herida, humillada y traicionada. ¿Por qué preocuparse por un problema que es de ella y no mío?

Estas concepciones del mundo y de la vida han hecho desaparecer significativamente la capacidad humana para la empatía, la capacidad del ser humano para *poderse poner en los zapatos del otro*. Estas concepciones del mundo y de la vida nos llevan a un total descuido de los sentimientos y pensamientos del otro y lo peor, parece que ni siquiera tenemos conciencia de la ignorancia y del dolor que estamos causando.

CONSUMISMO

Vivimos en un mundo tan materializado que, a diferencia del pasado en donde se veía al hombre solo produciendo, ahora lo vemos también, y mucho, consumiendo. Vivimos en una sociedad de consumo. Incluso a veces consumimos lo que no necesitamos. Es una competencia constante de consumir simplemente por consumir. No ha terminado de salir a la venta el último producto de la moda, por ejemplo el nuevo *iPod*, y ya estamos haciendo fila para ser los primeros en obtenerlo. Pensando muchas veces que lo que poseemos define quiénes somos.

Innumerables parejas se centran en la adquisición de bienes.

Basan su estabilidad y el sentirse importantes como parejas en la medida en que están adquiriendo bienes materiales: carros nuevos, casas nuevas, ropa nueva, teléfonos nuevos, etc; todo nuevo, a la moda y al instante. Qué bueno que muchas parejas logran tener todo lo que necesitan. Eso no representa ningún problema. El problema está en poner esas cosas materiales en un lugar predominante en la relación y olvidarse de lo esencial: ¡el amor! A veces pueden anteponerse necesidades materiales a otras expresiones de amor, como por ejemplo, la procreación.

Recordamos que en una sesión de pareja el hombre se levantó exaltado y con voz fuerte nos dijo:

Hombre: ¿*Pregúntenle a esta mujer (su esposa) que anda manejando?*

Diácono: A ver señora, , ¿qué carro anda manejando usted?

Señora: Una Toyota 4 x 4 del 2010.

Hombre: ¿Pregúntenle a esta mujer quién paga por ese carro?

Diácono: ¿Quién paga por ese carro?

Señora: Él

Hombre: Pregúntenle a esta mujer, ¿dónde andaba hace dos meses?

Diácono: Díganos señora, ¿dónde andaba usted hace dos meses?

Señora: Fui a Guadalajara a visitar a mi padre que estaba muy enfermo.

Hombre: Pregúntenle a esta mujer, ¿quién paga por todo eso?

Diácono: ¿Quién paga por todo eso?

Señora: Él

Hombre: ¿Qué más quiere esta mujer?

Martha: Está bien, usted nos pide que averigüemos qué más quiere ella: ¿Qué más quiere usted, señora?

Señora: "¡Un abrazo con amor!"

Vemos de una manera clara que para este hombre, según su visión del mundo, su mujer debería estar altamente agradecida por todo lo que le estaba dando. Para él su mujer debería estar feliz de estar al lado de un hombre que le estaba proporcionando todo lo que ella necesitaba, que no le estaba faltando nada. Pero él veía que su mujer, lejos de estar agradecida, estaba insatisfecha y demandándole constantemente. Y como, según él, la actitud de su mujer era totalmente irracional, se atribuía el derecho de maltratarla verbalmente, gritándole en frente de dos personas a las que estaba conociendo, mostrando una actitud altanera e irrespetuosa. Su enojo no le permitía escuchar cuál era la esencia de lo que su mujer pedía: respeto, cariño, afecto, amor.

Debemos recordarle a este hombre que Dios no le va a preguntar si le dio un buen carro a su esposa, si él pagaba o no la mensualidad del carro, si la abrazaba, la besaba o no, sino que le va a preguntar: ¿con cuánto amor lo hacías?

Todo tiene que ser al instante

Como vivimos en una sociedad caracterizada por los servicios rápidos hemos llegado a pensar que todo debe ser al instante, es un derecho del cliente. Los negocios que ofrecen cosas al instante, por ejemplo, los restaurantes de comida rápida, tienen mucho éxito.

Nos hemos olvidado de un principio fundamental que afecta enormemente al desarrollo del ser humano: un signo de madurez es la capacidad para posponer la satisfacción de deseos y necesidades. Basándonos en esta capacidad, podemos decir cuánto ha madurado una persona. Veamos un ejemplo sencillo: el niño que aprende a usar el baño a tiempo. Eso es un signo de madurez.

La poca capacidad para posponer la satisfacción de las propias necesidades y el nivel de inmadurez se va a reflejar en la relación de pareja. Recordamos cómo tantas veces hemos escuchado que los conflictos y desavenencias en la relación se deben a que no está lista la comida, la ropa, la casa, los niños, que las compras no se hacen rápido, etc.

En una ocasión una señora nos decía que le molestaba mucho la manera en que su compañero quería iniciar la intimidad sexual:

- Solo cuando él quería.
- Inmediatamente que él sentía la necesidad. Ella decía: "No le importaba si los niños ya se habían dormido o no".
- No le interesaba saber si ella quería o no en ese momento.
- Ni siquiera invertía un tiempo en hacerle un cortejo para animarla, prepararla para la intimidad sexual con él.
- Se imponía, como si su demanda fuera legítima, por tanto, era una obligación a la que ella tenía que acceder y de "buena manera".
- "No podría describirles –decía la señora– lo que pasa cuando me niego, me daría vergüenza describirlo".

En este ejemplo vemos cómo una interrelación de la pareja, en este caso en el área sexual, lejos de convertirse en un momento de unión, de compartir, de gozo, de darse el uno al otro, más bien se convertía en un momento de tensión, de enojo, de insatisfacción, de rencor, de abuso, de maltrato, etc. No importa si al final tuvieron relaciones sexuales o no, lo que sí está claro es que tanto él como ella quedaron con una sensación de vacío personal. Fue una experiencia que, lejos de fortalecer y profundizar las relaciones íntimas entre ellos, más bien afectó la relación de pareja a largo plazo.

En la relación de pareja la búsqueda de que todo sea al instante no solo se refleja en las relaciones íntimas, como en el ejemplo anterior. Nos decía un señor "Si ella está cocinando, ella quiere que yo deje todo y en ese mismo instante salga corriendo para la tienda a comprar un ingrediente específico para la comida. Ni quiera Dios que no lo haga porque entonces pasaríamos en tensión al menos hasta la semana siguiente".

Todo es desechable

Finalmente, estamos en una sociedad en donde muchas cosas son desechables. Pareciera que todo lo que se produce está hecho en función de impresionar por un momento y con el fin de conseguir un comprador. En cierta forma, la calidad dejó de ser un parámetro para regular la producción de las cosas. Ahora se busca más la apariencia para atraer al posible comprador.

Muchas veces tampoco nosotros nos detenemos a buscar la calidad, sino la utilidad, la practicidad. No importa si el objeto va a durar un día o no. Las cosas ahora no están hechas con miras a que tengan una vida larga. Hacer algo que perdure no es negocio. Lo contrario sucedía en los años de 1940 o 1950, cuando la gente esperaba que al comprar algo, por ejemplo un coche, este durara al menos veinte años.

Todo lo anterior ¿qué tiene que ver con la relación de pareja? Sucede exactamente lo mismo: si una persona o la relación misma ya no funcionan, entonces debe ser desechada, descartada. En la mente ya no está la posibilidad de decir:

¿qué podemos hacer juntos a fin de que nuestra relación sea más funcional, fuerte, tolerante, armoniosa, saludable, plena y profunda con miras a acrecentar el amor hasta el último día de nuestras vidas?

Parece que sucede lo inverso ya que en nuestras mentes predomina el que si algo ya no funciona, entonces hay que sustituirlo. Como si se tratara de un objeto en el que hay que buscar algo más nuevo, más moderno, más excitante, que sea más funcional, que tenga más y mejores usos. Volvemos al punto: lo que va a definir la relación es si estoy o no satisfaciendo mis deseos y necesidades.

Es interesante revisar algunos datos. Pat Love en su libro *The Truth about Love* (La verdad sobre el amor) recoge las siguientes estadísticas: entre 1973 y 1976 el 53.5% de las personas casadas reportaban sentirse "muy felices" en sus matrimonios. Para 1996, solamente el 37.8% se sentía feliz en su matrimonio.

Individualismo, compromiso y fidelidad.

San Agustín decía que toda la historia del mundo ha sido una batalla entre dos formas distintas de amar. Por un lado, el amor a uno mismo que, llevado a su extremo, destruye al mundo. Por el otro, el amor a los otros que encierra una renuncia a uno mismo. Benedicto XVI nos dice que esta lucha está presente aún en nuestros días.

Las necesidades del individuo son el centro de su existencia

El individualismo, el materialismo, el subjetivismo, el racionalismo, el utilitarismo promueven el egoísmo extremo, lo cual, lógicamente, no favorece la relación de pareja, al contrario, la debilita desde sus inicios mismos.

El individualismo en esencia desprecia todo aquello que se interpone en el camino de nuestra propia gratificación y que implícitamente es glorificado en nuestra sociedad. Prestemos atención a que esa glorificación del individualismo es, precisamente, todo lo opuesto a las enseñanzas de Cristo, quien fue capaz de desprenderse de todo individualismo, hasta el punto de renunciar a sí mismo y darse total e incondicionalmente a los demás. Jesús dijo claramente que el dar la vida por los amigos era la expresión más grande de amor que alguien puede dar (Jn 15:13)

Una deducción lógica es que para el individualismo no tiene sentido estar en una relación. Cada uno, él o ella, van a mostrar la tendencia de concentrarse en la búsqueda de su propia identidad, a la realización y satisfacción de sus propios deseos y necesidades personales, sin tomar en cuenta las necesidades y derechos del otro. El individualista no está en la relación, *simplemente interactúa con el otro* en cuanto medio, instrumento u objeto que se usa para alcanzar su satisfacción personal.

El individualista *no está en relación* porque, en realidad, *la relación nunca va a ser parte de él*. Su vida está limitada exclusivamente a *interactuar* con el otro con el fin de usarlo. No está regido por el principio que define realmente una relación de pareja: estar con, para y en el otro; conviviendo, compartiendo, respetándose, priorizando al otro, entregándose mutuamente. Por el contrario, el individualista está ahí para explotar, aprovecharse del otro y usarlo.

Todo aquello que se interponga o interfiera con la realización y satisfacción de sus deseos y necesidades es evitado. El individualista vive centrado en sus necesidades.

Precisamente, el mismo concepto de individualismo implica no tomar en cuenta al otro. El individualista tiende a tomar sus decisiones movido por lo que considera unilateralmente y por lo que más le satisface. No invierte tiempo en reflexionar cómo sus decisiones y acciones pueden afectar a otros ni en considerar la opinión del otro.

A los individualistas les falta empatía, es decir, la capacidad de *ponerse en los zapatos del otro*. La empatía es *acercarse al otro y sentir lo que tu compañero siente*. Si vemos a la pareja como un equipo, en el cual juntos unen sus esfuerzos hacia las mismas metas, se agradecen y aprecian los aportes de cada uno, el individualismo no tiene cabida ahí. No entra porque la pareja está fuertemente unida por el amor que cada uno siente hacia el otro, en donde cada uno trata al otro por lo valioso y especial que es en su vida.

La empatía y la relación de pareja	El individualismo y la relación de pareja
• Está centrada en la relación.	• Está centrado en sí mismo.
• El otro es un sujeto (con la misma dignidad y valor).	• El otro es un objeto (los objetos se usan).
• El otro es alguien importante en sí y por sí mismo.	• El otro es importante si y solo si sirve para la obtención de sus fines.
• El otro se convierte en prioridad.	• Su única prioridad es él mismo.
• Hace esfuerzos por *"ponerse en los zapatos del otro"*, por pensar y sentir como el otro piensa y siente.	• Su única preocupación es lo que él mismo piensa y siente.
• Se muestra sensible a las necesidades del otro	• Sus necesidades son su prioridad y las del otro prácticamente no existen o no son importantes.
• Hace cosas que sabe que son para el beneficio del otro y su relación.	• Únicamente hace cosas que le interesan y son en beneficio personal.
• Evita al máximo que sus acciones hieran al otro.	• "No es su problema", si el otro se siente herido.

Cuando el individualista, toma o pone en práctica sus decisiones haciendo que el otro se sienta herido, considerará que no es problema suyo. Los individualistas piensan que el tomar su decisión es un derecho, por lo tanto, tomar su decisión es de mayor importancia que sus consecuencias en los demás.

Como ya lo hemos explicado con anterioridad, la cadena de pensamientos es más o menos así:

- "Si mi decisión en este momento me da satisfacción, entonces es correcta".
- "No me interesa lo que él o ella piensa o siente en cuanto a mi decisión".
- "Tampoco me interesa si se siente afectado o afectada negativamente por mi decisión".
- "Si, en un dado caso, mi decisión no me trajo la satisfacción esperada o ya dejó de darme satisfacción, no hay problema, simplemente cambio de decisión porque tengo derecho a cambiar mi decisión. No estoy obligado a mantener de por vida una decisión que ya no me está dando ninguna satisfacción".

Este tipo de pensamiento tiene serias y enormes consecuencias en lo que a la relación de pareja se refiere:

- Impacta directamente en la voluntad y capacidad de tomar decisiones a largo plazo.
- Afecta la posibilidad de que exista respeto por el otro.
- Interfiere en la posibilidad de crecer como una persona integral.

Una buena relación de pareja siempre favorece el crecimiento y desarrollo personal. Toda buena relación va a tener como característica el favorecer un proceso de maduración adecuada, progresiva y permanente. La maduración emocional es un proceso constante, que solo termina con la muerte de la persona.

Es importante también recordar que en una relación, sea esta de pareja, de padres e hijos, de amigos, etc. si uno de los miembros crece y se desarrolla, entonces esto va a tener un efecto positivo también en el otro: el otro también crece y madura. No hay ninguna duda de que este es un principio absoluto: cuando uno de los miembros crece emocionalmente, esto va a facilitar el crecimiento emocional en el otro.

Precisamente esto es lo que comúnmente invitamos a hacer a las personas que solicitan nuestra ayuda y que, por mil y una razones, presentan la problemática de no contar con la participación del otro miembro de la pareja: les invitamos a recordar que son ellos mismos quienes pueden realizar un cambio en sus propias personas y que, cualquiera que este sea, va a incidir en el otro. Veámoslo de esta manera: siempre que una persona cambie algo de sí misma, al nivel de sus pensamientos, sentimientos o acciones, provocará efectos positivos en las personas con las cuales interactúa.

Recordamos aquí a una señora que tenía serias dificultades con los miembros de la familia de su compañero. Cuando escuchábamos sus relatos podíamos observar que:

- Su compañero gustaba de estar en familia. Estos encuentros familiares tenían mucho significado en su vida personal y familiar.
- Ella hacía constantes críticas acerca del comportamiento que manifestaban algunos miembros de la familia de su compañero cuando ella interactuaba con ellos.

- Lógicamente, su compañero no compartía la validez de estas críticas.

- La relación entre ella y su compañero se tensaba en la medida en que ella sostenía la validez de su crítica y su compañero sentía que su crítica era un ataque personal hacia él.

- Nos centramos en ayudar a la señora a entender que, independientemente de que su percepción del comportamiento de los familiares era o no correcta, lo más importante para la relación de pareja era: 1) tomar conciencia de que sus críticas estaban siendo percibidas por su compañero como una ofensa personal hacia él; 2) preguntarse qué es lo que ella pretendía con su crítica ¿tendría ella la fantasía de que, con sus críticas, los familiares del compañero cambiarían de actitud?; 3) tomar conciencia de que no puede responsabilizar a su compañero del comportamiento de los otros.

- Al tomar ella misma la decisión de poner un alto a sus críticas: 1) se ponía en una mejor posición de disfrutar el encuentro familiar; 2) quitó presión sobre su compañero. Este ya no tenía necesidad de explicar o justificar el comportamiento de los otros; 3) hizo desaparecer la tensión que las reuniones familiares creaban entre ella y su compañero; 4) su compañero empezó a disfrutar más de los encuentros con su familia, así como también con ella.

La relación entre el individualismo y el aumento del número de separaciones

Si una persona individualista está en una relación que considera insatisfactoria, entonces, cambia la decisión de permanecer en esa relación. Para él o ella esa relación ya está agotada, no está dando satisfacción a sus deseos y necesidades, por lo tanto, el paso a seguir es terminar la relación.

El pensamiento en esta concepción sería más o menos similar a que quedarse en relaciones semejantes implica cobardía e incapacidad de tomar decisiones que sí le puedan dar una mayor satisfacción de sus deseos y necesidades individualistas. Para el individualista permanecer en una relación insatisfactoria expresa la imposibilidad de vencer el miedo de salirse de esa relación para averiguar nuevas alternativas que aparentemente le proveerían la satisfacción egoísta que busca. Por estas razones, la gente que permanece en ellas, puede considerarse esclava de las concepciones impuestas por la sociedad en general y la Iglesia en particular.

La lógica es que, estar en una relación a largo plazo y que ya no provee la satisfacción de deseos y necesidades, es limitante, pues no está permitiendo la propia realización y gratificación, como si esa relación se hubiera convertido en una barrera, un obstáculo para vivir con todos sus potencialidades como individuo.

Estos modelos son una invitación a tener tantas experiencias como sea posible, buscar otras experiencias que, supuestamente, sean más enriquecedoras, que supuestamente nos hagan crecer como personas. Quizás muchos de los que están leyendo estas líneas no recuerden muy bien, pero en la década de los 60, por ejemplo, se favorecía, entre otras cosas, el intercambio de pareja y relaciones sexuales en las que participaban varias parejas al mismo tiempo. La realidad fue más dura de lo que se esperaba, ya que, tanto el intercambio de pareja como las relaciones sexuales de varias parejas al mismo tiempo no solucionaron ningún problema, antes bien, desaparecieron a los pocos años y representaron experiencias que dejaron en los participantes un sabor amargo.

Es bueno repetir que estas concepciones del mundo son fuente de tensión permanente en la relación de la pareja. No permiten el establecimiento de condiciones para el florecimiento de la confianza, el respeto mutuo, la vida en común, la profundidad de la relación, el fortalecimiento de la vida en el amor, en donde puedan existir metas compartidas, una relación que prometa una estabilidad a largo plazo.

Tomemos conciencia de que, precisamente, este tipo de concepción del mundo es una de las múltiples causas que explica por qué el número de separaciones y divorcios aumenta cada día.

Ya hemos mencionado que, de acuerdo con el centro de investigaciones *Pew Research Center*, para 1960 el 72% de la población mayor de 20 años estaba casada; para el 2008, únicamente el 52%. Vemos como, en 48 años, el número de personas casadas bajó en un 20%. En cuanto a las personas que se divorcian, nos dice que en 1960 únicamente el 5% de los encuestados reportaba estar divorciada, para el 2008, el 14%. Estas cifras nos revelan:

- Que de 1960 al 2008 el número de personas adultas que se casaron bajó en un 20.
- A eso le agregamos que el número de divorcios de 1960 al 2008, subió un 9%; es decir, entre las personas que

deciden casarse, aumenta el divorcio y la separación. Si a estos datos les aumentamos el número de personas que nunca se habían casado (para 1960 era únicamente el 15%, pero para el 2008 esta cifra alcanzaba el 27%) nos da un panorama no muy alentador.

- El número de adultos que nunca se casaron, de 1960 (15%) al 2008 (27%), subió un 12%.

El U.S. Census Bureau muestra las siguientes estadísticas de personas entre las edades de 25 a 34 años, que nunca se han casado:

2000= 34.5%
2006=41.4%
2007=42.6%
2008=43.9%
2009=46.3%

Podemos apreciar una tendencia clara: en el lapso de 9 años, del 2000 al 2009, el número de personas que nunca se ha casado ha aumentado en un 11.8%. Al parecer, esta cifra aumenta año con año.

Pat Love hace referencia a los resultados de una investigación llevada a cabo en 1999 por la Rutgers University National Marriage Project. En esta investigación se ahondó en las razones por las cuales las personas decidían no casarse, y encontraron que la mayoría expresaba un temor a que sus necesidades no fueran satisfechas.

Esto refleja claramente aquello en lo que hemos venido insistiendo a lo largo de estas líneas: los individualistas ven en la relación únicamente un medio, un instrumento a través del cual puedan satisfacer sus necesidades individuales. Al ver la posibilidad, el riesgo, de que no lo logren, prefieren permanecer solos. Estamos absolutamente seguros de que si vieran la relación de pareja como un medio de contribuir a la satisfacción de los deseos y necesidades del otro, así como también a los propios, de vivir el amor en, con y por el otro, entonces no tendrían miedo. Recordemos aquí, una vez más, lo que el apóstol san Juan nos dice: "En el amor no hay temor. El amor perfecto echa fuera el temor, pues hay temor donde hay castigo" (1Jn 4:18).

¡La solución equivocada!

Precisamente una solución común a los problemas y conflictos que genera esta concepción del mundo es la separación. La separación se presenta como la única vía de solución del conflicto porque se cree en la fantasía de que en la próxima relación esto no va a pasar. Podemos plantear que en esta visión se encierran los siguientes elementos fundamentales:

- Por una parte el individuo siente que la meta en su vida es alcanzar la satisfacción de sus deseos y necesidades; además, piensa que tiene ese derecho.
- El individualista es quien define: primero, cuáles son esos deseos y necesidades; segundo, cómo es que hay que satisfacerlos; tercero, cuándo están satisfechos; cuarto, con quién.
- En la satisfacción de sus deseos y necesidades no importa si el otro resulta afectado; en todo caso, eso sería problema del otro.
- No solo desestima al otro sino que lo culpa, lo hace responsable de que no está satisfaciendo sus deseos y necesidades en la relación.
- Es decir, es el otro quien se ha convertido en un obstáculo, una barrera, para que se puedan satisfacer mis

deseos y necesidades; el otro es quien está interfiriendo con mi posibilidad de lograr la satisfacción.

• Conclusión: es mejor retirarse, salirse de esa relación.

• Esta conclusión además está apoyada por la fantasía de que, "como yo soy inteligente y tengo capacidad de saber qué es lo que quiero y cómo lograrlo, en la próxima relación sí voy a lograr la total satisfacción y no va a pasar lo que pasó en esta relación, en la que el otro acabó convirtiéndose en un obstáculo, una barrera".

Pero la ironía de todo esto es que en realidad el problema no está en el otro. Se nos hace muy difícil entender este principio de que el otro no es quien representa el obstáculo, la barrera, ni el impedimento. Esto sucede porque nos resulta más fácil ver el problema en el otro para evadirnos de confrontar nuestra manera individualista de ver el mundo y la vida. Pues es ahí donde verdaderamente radica el problema. Al salirse de esa relación se están llevando el problema con ellos mismos. No es la relación, es la persona la que es feliz o infeliz.

Podemos repetirlo hasta el infinito: *el problema está en nosotros mismos*, no en los demás. Recordemos cómo Jesús mismo abordó esta situación. Señaló de manera directa que lo que sale del interior del hombre, del corazón, es lo que mancha al hombre (Mt 15:18). Nos llama a hacer un cambio total, radical, en la manera de ver el problema: en vez de pensar que el problema está afuera, nos señala dónde radica la esencia del problema: ¡en nuestro interior!

Por otra parte, Jesús nos pidió que no juzgáramos a los otros. Antes de señalar los errores del compañero, miremos y confrontemos los nuestros (Mt 7:3-5).

El compromiso: las relaciones a largo plazo no tienen sentido

Juan Pablo II decía que aquellos que tienen dificultad para tomar la decisión de amar para siempre también van a encontrar difícil poder amar por un día.

En contraposición a la decisión de amar para siempre se encuentra un individualismo predominante cuyo sentido gira alrededor del "yo" y en el que el otro viene a ser anulado. La importancia se desplaza de la pareja y de la relación y la fidelidad a ella, y se centra en uno mismo. Los deseos y necesidades del otro no tienen importancia. Buscar y mantener una relación de compromiso a largo plazo no tiene sentido. De acuerdo con el *Pew Research Center*, con datos tomados en 2008, en los Estados Unidos, el promedio de años que una pareja casada pasa junta es de 18 años.

¿Cómo puede un individuo asumir un compromiso a largo plazo cuando en esa concepción del mundo todo es volátil y pasajero; cuando nada es permanente o duradero "hasta que la muerte nos separe"?

No es casual entonces que veamos parejas que tienen sus cuentas bancarias por separado. Todos los bienes que poseen están a nombre del que los compró. ¿Y por qué? Sencillamente porque no teniendo en mente que esa relación es para siempre, en su conciencia está claro que se encuentran en una relación temporal, y, por tanto, *no invierten todo lo que tienen en la relación*, deben preservar algunas cosas para cuando tomen la decisión de dejar esa relación, de salirse, de irse.

Hemos visto parejas que, aparentemente, están interesadas en el Sacramento del Matrimonio en nuestra Iglesia Católica, pero desisten rápidamente cuando se les informa que no pueden firmar documentos legales en donde se establezca que los bienes de cada uno no pueden ser reclamados por el otro en caso de separación. Les es difícil no ver que la existencia de dichos documentos legales es una trampa. Esto representa un signo claro de que los miembros de la pareja no están dispuestos a entrar en una relación para toda la vida, de que no están dispuestos a compartirlo todo. Quieren iniciar una relación demarcando límites.

Al no tener una visión de que están entrando en una relación para toda la vida, les da miedo el hacer una entrega total. "Yo no puedo –nos decía un señora– dejarlo todo en manos de él".

En este aspecto, en el económico, se ve de manera más clara la demarcación de límites: "esto es mío y tú no lo puedes tocar". Imaginémonos ahora cuáles son los límites que estas personas impondrán en otros campos, como el afectivo, el emocional, el sexual, el del tiempo libre, etc.

Otro ejemplo es que en la actualidad vemos que son raras las personas que se mantienen en un mismo trabajo por años o períodos más o menos prolongados. Es más frecuente que escuchemos "me fui a otro trabajo porque me ofrecían $0.25 más por hora". Pareciera como que nos vendemos al mejor postor bajo la justificación de que tenemos que vivir mejor, tener que avanzar en la vida y buscar las mejores condiciones materiales para nuestra familia.

Debemos aclarar que no pretendemos hacer todo un análisis económico, pues también somos conscientes de que, en la actualidad, los dueños de compañías, en su mayoría, tienen la misma mentalidad aplicada en sentido inverso, es decir, en muchas ocasiones tomarán decisiones fundamentadas en obtener los resultados al menor costo.

La esencia del ser humano, nos dice Branden, está en asumir responsabilidades, asumir compromisos. A lo largo de estas líneas hemos repetido muchas veces que la capacidad de asumir compromisos es un signo de madurez. Esto tiene que ser, en primer lugar, con uno mismo; ser responsables de nuestros propios pensamientos, sentimientos y acciones. En suma, estar comprometidos a cuidar lo que somos: hijos de Dios creados a su imagen y semejanza.

Siguiendo, en lo general, las ideas presentadas por Branden, podríamos decir que, para que una persona asuma la responsabilidad de sí misma, para que se comprometa y cumpla, básicamente necesita los siguientes elementos:

- Asumir responsabilidad, compromiso. Esto implica que es uno y no otra persona quien tiene que enfrentar su situación y hacer algo para solucionarla de manera positiva.

- Es cada uno el único que puede y, por tanto, debe, resolver sus propios problemas. Por ejemplo, si quieres tener una mejor relación de pareja, tienes que preguntarte: 1) ¿Qué es lo que está pasando?; 2) ¿Qué es lo que yo puedo hacer, para encontrar soluciones al problema que estamos viviendo?; 3) Si pienso que lo que está pasando se encuentra fuera de mis manos, capacidades, habilidades, recursos, etc. ¿Tendría la humildad para buscar a alguien que me ayude a buscar alternativas de solución?

- Por tanto, es muy recomendable quitar de nuestras mentes toda fantasía dirigida a que alguien venga a hacerlo por nosotros, todo enfoque que busque la solución a los problemas fuera de la relación.

- Finalmente, y tan importante como los puntos antes señalados, dejar de andar culpando al otro por nuestra situación. Poner un alto a todo tipo de acusación hacia otros: "no lo hice porque él...", "yo quería hacerlo pero ella...", "si ella me lo hubiera dicho, no lo habría hecho...", "yo no estoy bien porque él..."

El compromiso y la nueva visión de la relación de pareja y la familia

La mayoría de las parejas, nos dicen Stanley y otros, consideran el compromiso como algo esencial para mantener la relación de pareja. Entonces, si la mayoría de las parejas le dan importancia al compromiso, ¿por qué se huye del compromiso?, ¿por qué nos es difícil entender y aceptar que no puede haber una relación estable de pareja si no hay compromiso?

Veamos las siguientes cifras para darnos una idea del estado actual de la voluntad de las personas para adquirir compromisos. Creemos importante repetir las cifras del *Pew Research Center* en cuanto al número de personas que se casan:

- Para 1960, el 72% de las personas mayores de 20 años estaban casadas.
- Para el 2008, únicamente el 52%

Como dice un refrán popular, "*más claro no canta un gallo*". De acuerdo con esos datos, en 48 años el número de personas casadas bajó un 20%.

Ya no es necesario asumir un compromiso para vivir en una relación. Nosotros creemos que esto hace que la relación de pareja se debilite significativamente. En una pareja donde no existe compromiso, son muy bajas las probabilidades de una relación a largo plazo. No hay muchas probabilidades de que se convierta en terreno fértil para que florezca una relación de amor y de entrega mutua total.

Estas concepciones del mundo –individualismo, subjetivismo, racionalismo, utilitarismo– que hemos estado revisando, han afectado de manera directa no solo a la visión del matrimonio, sino también a lo que constituye una familia. El *Pew Research Center* también nos presenta en su estudio que el matrimonio, como tal, no es visto como el único modo de constituir una familia.

Si para los años de 1940 o 1950 el matrimonio era lo que en esencia definía una familia, en la actualidad un 86% de las personas encuestadas respondía que una madre soltera y sus hijos constituyen una familia. Básicamente, ya no es la presencia del hombre y la mujer, sino la presencia de los hijos lo que en la actualidad define si es o no una familia.

Invitamos a observar y pensar detenidamente en los siguientes datos. Llama la atención el hecho de que:

- El 69% de las personas encuestadas respondieron diciendo que el incremento de madres solteras es negativo para la sociedad.
- El 61% creen que un niño necesita de ambos padres.

Si esas cifras son correctas, si realmente es lo que piensan las personas encuestadas y si estos datos representan la visión que la sociedad tiene sobre esta situación ¿por qué no se actúa conforme lo que se piensa y se cree? Al parecer, estas percepciones, con las cuales nosotros estamos de acuerdo (que el aumento de madres solteras es negativo para la sociedad y que los niños necesitan de ambos padres) no han tenido un impacto en cambiar nuestra visión acerca de la importancia del matrimonio y la familia. No tienen un efecto significativo en hacer que seamos capaces de asumir compromisos y aumentar el número de matrimonios y familias estables.

No queremos que se nos tome por idealistas. Es cierto que la realidad nos muestra la existencia de un número significativo de familias compuestas esencialmente por madres solteras. En muchos países de Latinoamérica, por ejemplo, es significativo el número de niños que, ante la ausencia del padre, son criados por sus madres, con la ayuda de la que conocemos como familia extendida. Juegan un rol de suma importancia los abuelos, los tíos, las tías, etc. El ideal que Cristo nos presentó fue el de una familia constituida por un padre, una madre y unos hijos unidos por el amor, en donde las parejas quedan selladas por los cuatro votos del sacramento del matrimonio: libre, fiel, permanente y abierto a la vida.

La falta de compromiso también la podemos observar en esas relaciones de pareja en donde, supuestamente, están viviendo juntos para después casarse. Para muchas parejas, vivir juntos antes del matrimonio, es la forma ideal de prepararse para su vida matrimonial posterior. Sin embargo, la realidad nos muestra que las cosas no siempre son así. Esas mismas encuestas antes citadas reflejan que de esas personas, que en la actualidad están viviendo juntas, un 41% respondió que no están seguros de querer casarse. La pregunta surge espontánea: ¿acaso no están viviendo juntos preparándose para asumir un mayor compromiso?

¿Por qué? Porque en el fondo no quieren asumir compromisos y por ello está ausente la decisión de amar en plenitud, para toda la vida. Cerremos estas ideas con el pensamiento de Juan Pablo II que ya habíamos citado antes acerca de cómo la persona que no decide amar para siempre, va a encontrar muy difícil amar, aunque sea por un día.

Capítulo II

La espiritualidad del amor

¿Qué es lo que define a la pareja?

Jesús no solo transformó la concepción del mundo, de la vida, de la sociedad y la familia de su tiempo sino que, por supuesto, también transformó la visión de la pareja. Nos informan los evangelios (Mt 12:47-50; Mc 3:31-35) que Jesús dijo claramente que su madre y sus hermanos son aquellos que hacen la voluntad de Dios.

Richard Rohr dice que, para Jesús, lo que hace realmente a la familia no son tanto los lazos de sangre, sino la unión en donde existe la confianza y el compromiso sellados por el amor.

Si lo ponemos en palabras del apóstol san Pablo (Rom 8:14), los hijos de Dios somos los que estamos guiados por el Espíritu de Dios. Si cada uno de nosotros está guiado por el Espíritu de Dios, entonces somos una misma familia. Este principio se aplica en su totalidad a la pareja. Lo que define a una pareja no es simplemente el hecho de estar viviendo juntos o de tener hijos o bienes en común, más bien, lo que hace a la pareja es:

Sentir que ambos formamos una unidad, en la que cada uno aporta algo al otro y es parte de su ser. Ambos somos indispensables para la existencia de esa relación, hemos pasado a formar un solo ser (Mt 19:5-6). En esa breve expresión, Jesús nos señaló la esencia de lo que esa unidad significa para Él.

No se trata, pues, de que estamos juntos, compartiendo un mismo espacio y tiempo, sino de que ella vea la vida a través de los ojos de él y viceversa. Esta no es una acción de un solo día ni de una sola vez. No es algo que hicimos y que nos transforma en una sola carne. Esto es un proceso que requiere de un esfuerzo constante, permanente, de toda la vida. Lo podemos representar como un movimiento hacia el otro, guiado por el amor y hacia él.

Nosotros, los católicos, creemos firmemente que, cuando la pareja ha asumido los votos del sacramento del Matrimonio, cada vez que entra en la intimidad sexual, renueva efectivamente sus votos. El ser una sola carne, el estar en esa unión entre ellos y con Dios, es el resultado de una renovación constante y permanente de su compromiso de estar juntos. La unión se da porque el amor es una decisión permanente. Lo que mantiene la unión de la pareja es una actitud de amar (Pat Love).

Dios mismo nos ha mostrado diferentes formas de esa unidad de la que estamos hablando. Veamos, por ejemplo, a la Santísima Trinidad. ¿No son acaso "tres personas distintas en un solo ser, en un solo Dios verdadero"? En su Primera Carta a los Corintios, el apóstol san Pablo nos habla de la Iglesia como el Cuerpo Místico de Cristo. Somos muchos los miembros, pero el Cuerpo es uno solo. De igual manera, cuando el apóstol san Pablo nos habla de la unidad entre Cristo y su Iglesia, nos dice que Cristo y su Iglesia son uno.

Si podemos reconocer que sí es posible que dos personas formen un solo cuerpo, ¿por qué, entonces, no puede pasar lo mismo en un nivel espiritual? Si dos llegan a formar una sola carne, también pueden llegar a formar un mismo espíritu. El apóstol san Pablo lo dice: "el que se une al Señor se hace un solo espíritu con él" (1 Cor 6:17).

2 UNA RELACIÓN DE CONFIANZA

Nos referimos al tipo de relación en la que se puede confiar en el otro y en la que ambos se sienten seguros; relación en la que se da una condición inalienable de respeto a la dignidad humana. No puede crearse una relación de confianza si cada quien "se está defendiendo del otro", si se abrigan permanentemente dudas o sospechas o si cada uno adopta una postura de vigilancia para que el otro "no se imponga".

3 UNA RELACIÓN EN DONDE EXISTE UN COMPROMISO

El compromiso real, sincero y total, es un compromiso que incluye "todo mi ser". En los tiempos actuales con frecuencia podemos decir cosas "del diente al labio" con tal de que nos dejen tranquilos. El "honrar la palabra dada" es algo que ya no se valora tanto, en muchos ni siquiera crea sentimientos de malestar, mucho menos de culpa.

La esencia de cumplir con nuestra palabra debe brotar de nosotros mismos. Invitar a Cristo al centro de nuestra relación de pareja implica hacer lo que Cristo nos dijo: "Digan sí cuando es sí, y no cuando es no; cualquier otra cosa que se le añada, viene del demonio" (Mt 5:37).

CRISTO NOS LLAMA A SER CAPACES DE ASUMIR UN COMPROMISO

En el caso específico de quienes tienen una relación de pareja, Cristo nos invita de manera constante y permanente a cumplir con los votos sagrados que implica el sacramento del Matrimonio. Para aquellos que viven en unión libre representa también una invitación a consolidar y elevar el compromiso dando el paso de unir sus vidas sacramentalmente. Dar el paso para vivir en una comunión total con Dios.

Nuevamente acudimos a nuestra experiencia. Al hablar con parejas que viven en unión libre, podríamos decir que el 99.99% de ellas vive con un sentimiento íntimo de inseguridad. Algunas de esas parejas, por ejemplo, a pesar de que describen su relación como estable, con amor, también mencionan la existencia de una sensación de *que falta algo*. No nos cabe duda de que ese sentimiento que describen es real, está ahí, presente como una sombra que al final parece estar cuestionando la realidad de su existencia como pareja.

Si tomamos la decisión de invitar a Cristo al centro de nuestra relación de pareja, si damos el paso para que esa unión de pareja esté en total armonía con Dios, esa sensación "de que falta algo" desaparecerá.

Invitamos a todos a que no se limiten a leer lo que nosotros describimos aquí. Los invitamos a que revisen detenidamente nuestro Catecismo de la Iglesia Católica, en lo concerniente al Sacramento del Matrimonio (del no. 1601 en adelante).

Las cualidades de los cuatro votos son:

1 Libertad: Cada uno ha tomado la decisión de entrar en esa relación, sin ninguna presión, sin que nada ni nadie haya influido en pro o en contra de su decisión. Estamos haciendo uso del don de ser libres, de tomar decisiones. El Catecismo nos dice en su número 1625 que por "libre" se entiende:

- No tener ninguna presión
- No tener ningún impedimento debido a las leyes naturales o eclesiásticas. Ningún poder humano puede sustituir este consentimiento

No puede existir una relación de amor sin libertad. La condición fundamental del amor cristiano es que es fruto de una decisión libre de amar.

2 Permanencia: Este compromiso también debe hacerse para toda la vida. No es un compromiso temporal, ni hasta que "nos dejemos de sentir bien" o "hasta que aparezcan los primeros problemas que no se puedan resolver", ni hasta que "empiecen a aparecer las arrugas" o "padezcamos las primeras enfermedades".

Juan Pablo II, consciente de que la sociedad contemporánea ataca fuertemente la posibilidad de que sea posible un compromiso para toda la vida, dijo claramente que las personas que niegan que esto sea una posibilidad real desconocen lo que es y significa el amor.

Cuando a Jesús le preguntaron si el hombre podía dejar a su mujer, Jesús explicó claramente que el consentimiento de divorcio que Moisés les permitió fue precisamente por la terquedad humana, pero que eso no era parte del plan de Dios (Mt 19:8). Después de explicarnos que en el principio Dios creó al hombre y la mujer, nos dijo que el hombre deja a su padre y a su madre, y se une con su mujer para formar una sola carne. Finalmente, nos pide que eso que Dios ha unido no sea separado por el hombre (Mt 19:3-6).

En este aspecto, el Catecismo (no. 1640) nos dice que la unión matrimonial ha sido establecida por Dios mismo, por tanto, no puede ser disuelta. La misma Iglesia no puede contravenir esta disposición divina.

Actuar de forma contraria no solo expone a la mujer divorciada a cometer adulterio, sino también al hombre divorciado quien, a su vez, terminaría casándose con otra mujer (Mt 5:31-32; Mc 10:11-12; Lc 16:18)

Este compromiso para toda la vida no debe ni tiene porque ser amargo. No tiene que ser sentido como una carga, como un peso ineludible. Por ello no compartimos esa expresión tan común que dice: "esa es tu Cruz y tienes que cargarla". La relación no tiene porque convertirse en una pesadilla que cargamos cada día de nuestras vidas.

Todo lo contrario, tiene que ser para toda la vida en la presencia del amor. Al leer estas líneas, quizás algunas personas podrían estarse preguntando "¿Cómo es esto posible?, cuando yo sé que ¡el amor no dura!". Nosotros estamos 100% de acuerdo con la posición de Love, quien afirma que es una responsabilidad personal el hacerlo durar. Ninguna otra persona, ni siquiera nuestra misma pareja, lo puede lograr por nosotros.

A los que están leyendo estas líneas les queremos decir una vez más: todo requiere un esfuerzo, las cosas no salen de la nada o por arte de magia. No vamos a lograr nada, si no trabajamos en nuestra relación. Cada uno de nosotros tiene la capacidad de enfrentar y encontrar soluciones positivas a los distintos problemas que la vida nos presenta.

Consideramos de suma importancia hacer una explicación breve acerca de lo que es la anulación. Muchas personas se confunden y creen que la Iglesia "permite o concede el divorcio". Hemos oído algunas personas que dicen: "Mi prima se había casado por la Iglesia, luego se divorció y la Iglesia le permitió volverse a casar". ¿Cómo explicar casos como este? ¿Qué es lo que significa la anulación?

Para entender claramente lo que significa la anulación debemos recordar que, para que exista el sacramento del Matrimonio, deben estar presentes los cuatro votos: libre, fiel, permanente y fructífero. Si uno de esos cuatro votos no estuvo presente en el momento de celebrarse el Sacramento, entonces no hubo tal.

Repetimos, la Iglesia no permite el divorcio. Cuando la iglesia otorga una anulación, lo que está indicando es que el Sacramento del Matrimonio nunca existió realmente. Por ejemplo, si una persona demuestra ante el tribunal eclesiástico que fue obligado a casarse, "que fue amenazado porque la novia ya estaba embarazada", quiere decir que no estuvo presente el primer voto, no fue libre. Si no fue libre, entonces lo que se dio ahí no fue un sacramento. Por ello la Iglesia declara la nulidad diciendo que no hubo realmente un sacramento. *Declara que no existió el Sacramento, no lo anula.*

Otro ejemplo: si una persona que no tiene ningún impedimento físico para tener hijos contrae matrimonio sin intención de procrear, está faltando a uno de los votos del Sacramento y, por lo tanto, tampoco pudo darse el Sacramento. Si las pruebas sometidas al Tribunal Eclesiástico demuestran que efectivamente este voto no estuvo presente, entonces se declara la nulidad.

Otra situación por analizarse sería lo que sucede cuando, después de casarse por la Iglesia, cualquiera de los esposos continúa teniendo una vida promiscua. Esto quiere decir que el voto de fidelidad no estuvo presente. En estos casos, el miembro de la pareja que ha permanecido fiel, viviendo su voto de fidelidad, puede someter ante el Tribunal Eclesiástico la solicitud de anulación de ese matrimonio.

3 *Fidelidad*: Por la misma naturaleza del amor conyugal, se requiere la fidelidad entre los esposos, como nos dice el Catecismo (1646). El Catecismo hace referencia al Concilio Vaticano II, que afirma que al ser el matrimonio un regalo mutuo, la fidelidad es imprescindible (cf. *Gaudium et Spes* 48).

Al entregarnos libremente y por amor al otro le estamos dando todo lo que somos, todo lo que poseemos: nuestros pensamientos, nuestros sentimientos, nuestro cuerpo, todo nuestro ser. Cada célula de nuestro cuerpo ya no nos pertenece. Al entregarlo todo reconozco que es Dios mismo el único que me lo ha dado y dejo de presumir como si lo hubiera logrado por mí mismo (1 Cor 4:7).

Dios nos regaló un cuerpo físico preparado para ser el templo vivo del Espíritu Santo que viene a morar en nosotros (1 Cor 3:16). Este mismo pensamiento lo remarca en su Segunda Carta a los Corintios (6:16) cuando nos dice, además, que no solamente somos templos del Espíritu Santo, sino templos del Dios viviente.

Por eso y con gran seguridad el apóstol san Pablo (1 Cor 7:3-4) nos dice que tanto el hombre como la mujer ya no son dueños de sus cuerpos, puesto que el uno le pertenece al otro y deben cumplir con sus deberes de esposos.

El sexo no es un componente del cuerpo humano, es una dimensión de la vida humana. Al cometer un acto de infidelidad, lo que estamos haciendo es entregarle nuestra dimensión humana a otra persona, dando algo que realmente no nos pertenece. ¿Cómo voy a darle yo mi cuerpo a otra persona si realmente no me pertenece?

4 Fecundidad: Finalmente, nos comprometemos a estar abiertos a la vida, a recibir los hijos como un regalo que Dios nos concede y formarlos en el amor a Cristo. El Catecismo (1652) hace énfasis en los dos aspectos esenciales del significado de estar abiertos a la vida: procrear y educar (1652).

El Concilio Vaticano II también subrayó estos dos aspectos esenciales. Recalcó que los hijos son el regalo supremo para un matrimonio y que, a su vez, los hijos contribuyen al bienestar de los padres mismos (*Gaudium et Spes* 50).

Este es uno de los puntos de las enseñanzas de la Iglesia que han sido más criticados. Antes hablamos un poco de ese sentimiento de rechazo a todo aquello que vemos como autoridad. Sin embargo, creemos necesario volver a este punto y revisar con un poco de detenimiento la diferencia fundamental entre: métodos anticonceptivos y planificación natural.

Algunos califican la doctrina de la Iglesia como una irresponsabilidad por impedir el uso de anticonceptivos. En realidad, la Iglesia invita a los fieles a estar abiertos a la vida, pero con una paternidad responsable. La vía que la Iglesia postula ha sido firme. Nos ha presentado una alternativa que está inscrita en la misma naturaleza biológica del hombre y de la mujer, y que no solo responde de manera apropiada a la moral de la Iglesia, sino que ha sido apoyada desde sus inicios por un criterio científico.

La Planificación Natural de la Familia (PNF) ha sido comprobada como lo más eficaz desde el punto de vista de la ciencia y la única alternativa que ofrece un crecimiento y madurez tanto a nivel personal como de pareja. La misma Organización Mundial de la Salud (OMS) admitió que la efectividad de la Planificación Natural de la Familia (99.5%) es mucho mayor que cualquier otro método anticonceptivo. La PNF no es un método en su más estricto sentido sino que, como lo ha señalado nuestro Papa Benedicto XVI, es un estilo de vida.

Al ser un estilo de vida, demanda un compromiso por parte de los dos miembros de la pareja. Dios nos está invitando a ser participantes activos en todo el proceso. Tiene que haber una participación consciente por parte de ambos. Funciona si y solo si el hombre y la mujer deciden "conocer" sus cuerpos, conocerse a sí mismos y como pareja. Cada uno de los miembros de la pareja, a través de su compromiso personal, lo hace posible.

Quizás por eso algunos rechazan la PNF. ¿Por qué? Porque exige esfuerzo, disciplina, compromiso y responsabilidad. Tomar la píldora o usar un preservativo no requiere nada de ello. Precisamente por esas características la sociedad actual se opone a la PNF.

La Planificación Natural de la Familia favorece el desarrollo de las virtudes y, en caso de no querer procrear hijos en ese momento, invita a aprovechar los períodos de fertilidad de otra forma. Durante ese tiempo, cada uno de los miembros de la pareja puede dedicarse al otro con cariño, con afecto, manifestando cuán importante es para él aunque no exista la posibilidad de una relación sexual. Esas expresiones de afecto van a tener un impacto significativo, especialmente en la mujer, ya que experimentará cuán importante es para su compañero. Estas expresiones manifiestan que sus caricias, sus muestras de afecto, no tienen el objetivo último de conseguir la intimidad sexual, sino de manifestar lo mucho que se le valora.

No es nuestro objetivo aquí presentar en su totalidad la enseñanza de la Iglesia Católica en relación con la Planificación Natural de la Familia. Hay muchos autores Católicos que abordan este tema de una manera clara y precisa. El texto guía por excelencia es la Encíclica *Humanae Vitae* del Santo Padre Pablo VI.

La Iglesia no está en contra de la planificación familiar bien entendida. Lo que la Iglesia busca es defender la dignidad del acto conyugal, el cual debe contribuir a la unión de los esposos y permanecer abierto a la vida. Esto no quiere decir que en cada acto conyugal la pareja deba buscar intencionalmente tener un hijo. Cuando la relación se tiene en el momento en que la mujer es infértil, el acto sigue estando abierto a la vida. No es lo mismo un acto *anti-procreativo* que un acto *no procreativo*.

Christopher West comparte su historia personal y menciona que, precisamente, el punto que lo había alejado de Dios y de la fe católica, era la doctrina sobre la anticoncepción, siendo después este mismo tema el que lo trajo nuevamente a la Iglesia Católica. Según él, la Planificación Natural de la Familia, aunque quizás no se le identificaba con ese nombre, existía mucho antes que los métodos anticonceptivos. La abstinencia se practicaba ya antes de la llegada de los métodos anticonceptivos.

Permítasenos hacer una comparación entre los métodos anticonceptivos y la Planificación Natural de la Familia, la cual no es un "método", sino ¡un estilo de vida!

Anticonceptivos:

1. Le quita la dignidad humana a la mujer; la denominada "Segunda profecía" de la *Humanae Vitae* precisamente anunciaba que a través de los anticonceptivos se llegaría a una pérdida del respeto a la mujer. Debemos entender claramente que los anticonceptivos no son métodos que van en contra de la fertilidad, como generalmente se entienden; son métodos que van en contra de la persona; Monseñor Caffarra afirma que es toda la persona quien es fértil.

2. Son muy conocidos, desde el punto de vista médico y biológico todos los efectos secundarios negativos que su uso tiene, sobre todo en las mujeres (físico, mental, emocional, afectivo, etc.)

Planificación Natural:

1. Aboga por el respeto absoluto a la dignidad humana; nos recuerda constantemente que la mujer no es un objeto, sino que es sujeto; para nosotros los católicos la dignidad humana es la esencia de la persona; West nos dice que el control de uno mismo es lo único que se puede aceptar como válido para el control de la natalidad.

2. Al estar basado 100% en la naturaleza misma de los procesos biológicos y de procreación, no tiene ningún efecto secundario ni pone en riesgo la salud física de la mujer.

Anticonceptivos:

3. Su uso hace que los miembros de la pareja pongan límites a su entrega. Ya no es: "¡Me entrego totalmente a ti!" Hacen una separación clara entre el acto unitivo y procreativo.

4. Al poner límites a su entrega, están juntos pero separados; va a existir una distancia emocional y afectiva entre ellos.

5. Están rechazando la posibilidad de conocerse el uno al otro con profundidad; no les interesa cómo funciona su cuerpo, sus ritmos de fertilidad; se niegan a la posibilidad de crecer y madurar como personas y como pareja. No favorece el desarrollo de las virtudes morales.

Planificación Natural:

3. Promueve la entrega total del uno al otro; mantiene unidos el acto unitivo y procreativo.

4. Requiere una actitud abierta hacia el otro; una actitud de comprensión y entendimiento, lo que favorece el estar siempre unidos.

5. Está orientada a promover las virtudes morales, sobre todo, el dominio de sí mismo. Está comprobado que aquellas parejas que usan la Planificación Natural de la Familia, alcanzan mayor madurez emocional; crecen como personas y como pareja; se dan la oportunidad para que tanto el hombre como la mujer conozcan su ser (Fuentes).

Anticonceptivos:	Planificación Natural:
6. Los anticonceptivos favorecen la infidelidad. De hecho, se trata de una de las "profecías" contenidas en la encíclica *Humanae Vitae.*	6. Está basada en los votos del Sacramento del Matrimonio, por tanto, nos recuerda que la sexualidad no es simplemente un acto, la sexualidad encierra la totalidad del ser: la fidelidad tampoco es un acto, no es un acto de fidelidad, sino que encierra la totalidad del ser: soy fiel.
7. Son eso simplemente: métodos	7. Es un estilo de vida, como menciona el Santo Padre Benedicto XVI.

Los votos del sacramento del Matrimonio son permanentes y debemos renovarlos cada día. En la vida cotidiana vamos a enfrentar situaciones que los pondrán en entredicho o que buscarán debilitarlos; quizá las dificultades triunfen alguna vez y logren que faltemos a ellos. Es aquí donde la oración individual, en pareja y en comunidad, juega un papel de gran importancia. Tenemos que estar pidiéndole a Dios constantemente que nos dé la fuerza para seguir sacramentalmente unidos a Él. Con nuestras solas fuerzas no es posible lograrlo, pero sí con su presencia en cada día de nuestras vidas.

Jesús nos pide que seamos una persona nueva

La única forma de transformar nuestra relación de pareja es, primero, a través del cambio total y radical de nosotros mismos. Todo comienza con una decisión personal de cambiar, de convertirnos en un ser nuevo; un hombre nuevo en contraposición con el hombre viejo. Implica un cambio real, profundo, fuerte y radical, una metanoia.

El apóstol san Pablo (2 Cor 6:14-15) nos presenta con una enorme claridad lo que esta transformación implica, cuando nos dice que la justicia no puede vivir al lado de la injusticia, ni la luz con la oscuridad, ni la fidelidad con la infidelidad. El reto es que tenemos que decidir por el uno o el otro, por la luz o las tinieblas, por la justicia o la injusticia, por el bien o por el mal, no podemos tener los dos al mismo tiempo.

Si, por ejemplo, decidimos adquirir unos muebles de sala nuevos, la lógica nos dice que tenemos que sacar los viejos. Aun si dijéramos que hay suficiente espacio para que estén los viejos y los nuevos juntos, estamos seguros de que aun así sacaríamos los viejos ya que no se verían bonitos nuestros muebles nuevos. Los viejos "quitarían el brillo" a los nuevos.

En pocas palabras "lo viejo" tiene que ser echado afuera para dar espacio a lo nuevo y a esto es, precisamente, a lo que se refiere esa analogía entre el hombre viejo y el nuevo. Tenemos que romper con el *status quo* que tenemos. Abandonar esa comodidad que nos da el sentirnos a gusto con el pasado, con lo que conocemos y creemos, con lo que estamos acostumbrados a pensar, sentir y actuar. Creamos un refugio ficticio donde predominan los estándares que nosotros creemos que la sociedad demanda y sin los cuales no podríamos sobrevivir. Tenemos que abandonar ese refugio que hemos creado, en donde, a pesar de que sabemos que estamos mal, permanecemos porque nos domina el miedo. El miedo nos paraliza y se convierte en una barrera, que domina el deseo de ir por lo nuevo que no conocemos.

Si el espacio actual de nuestro ser interior está ocupado por el egoísmo, por un "yo" inmenso, ¿cómo podremos tener espacio para que entre el otro a nuestro ser? Si estamos siempre ocupados con la obsesión de poseer cada día más, no tendremos lugar para considerar que el otro también tiene necesidades. Si estamos pensando solo en la satisfacción sexual personal, no habrá forma de que podamos ver al otro como sujeto, como una persona con dignidad humana, será para nosotros simplemente un objeto que usaremos para nuestra satisfacción biológica o psicológica.

El apóstol san Pablo en su carta a los Colosenses (3:9-10) usa de manera clara esta imagen al presentar al "hombre nuevo", revestido de la fe, como opuesto al "hombre viejo". Unas líneas más adelante (3:12-13) nos dice que lo que caracteriza a ese hombre nuevo es la compasión, la humildad, la paciencia, el perdón, etc.

En su carta a los Romanos (8:12-14) nos dice que el hombre nuevo tiene la obligación de vivir por medio del Espíritu y de esa manera hacer morir los malos deseos. Si permanecemos con todos los elementos del hombre viejo estamos destinados a la muerte. Por el contrario, al incorporar esos nuevos elementos en nuestro ser interior, esos elementos que Jesús mismo nos enseñó con claridad, entonces viviremos.

En su libro "Guía de la vida interior", Josep Otón nos habla de la diferencia entre el hombre viejo y el hombre nuevo. La presencia del pecado caracteriza al hombre viejo, un ser cuya principal preocupación es su propio yo, su imagen, su bienestar y tiene como objetivo su autoglorificación. Se siente el centro de todo lo que sucede, del universo. Por el contrario –nos sigue diciendo– el hombre nuevo da paso, se abre a la divinidad: quiere ser imagen y semejanza de Dios.

La pregunta es sencilla: ¿estamos dispuestos a sacar todos esos elementos del llamado hombre viejo y darle espacio al hombre nuevo? ¿Estamos dispuestos a que todos esos elementos del amor, de los que nos habla el apóstol san Pablo, sean los que pasen a formar parte de nuestro ser? Invitar a Cristo a ser el centro de nuestras vidas implica que tenemos que revestirnos con esas características:

> "El amor es paciente y muestra comprensión. El amor no tiene celos, no aparenta ni se infla. No actúa con bajeza ni busca su propio interés, no se deja llevar por la ira y olvida lo malo. No se alegra de lo injusto, sino que se goza en la verdad. Perdura a pesar de todo, lo cree todo, lo espera todo y lo soporta todo. El amor nunca pasará" (1 Corintios 13:4-8).

Podemos seguir agregando a esas características las que el mismo Apóstol nos describe en su Carta a los Colosenses: "Pónganse, pues, el vestido que conviene a los elegidos de Dios, sus santos muy queridos: la compasión tierna, la bondad, la humildad, la mansedumbre, la paciencia. Sopórtense y perdónense unos a otros si uno tiene motivo de queja contra otro. Como el Señor los perdonó, a su vez hagan ustedes lo mismo" (Col 3:12-13).

Lo repetimos una vez más: es un reto difícil, pero no imposible, todo comienza con un acto de humildad, reconociendo que por nosotros mismos no lo podemos lograr y que, por tanto, la ayuda de Dios nos es no solo necesaria, sino que indispensable para que podamos irlo logrando. San Agustín decía que realmente Dios no nos pide cosas imposibles, pero si nos exhorta a que cada uno haga lo que puede. Nosotros le pedimos a Dios ayuda en lo que no podemos y entonces Dios nos ayuda para poder lograrlo.

No siempre es fácil dejar de lado nuestra forma de pensar y creer que podemos decidir y lograr todo; que no necesitamos ni de nada ni de nadie. La humildad, sin embargo, nos abre la puerta para que la gracia pueda actuar en nosotros y nos dé la fuerza y la sabiduría para sacar todo lo viejo y dar espacio a lo nuevo.

Nos gustaría subrayar este punto: no es que el hombre no tenga que hacer nada en este proceso de transformación. No se trata simplemente de orar para que Dios nos conceda todo lo que pedimos de manera inmediata y como se lo pedimos. Todo lo contrario, tenemos que hacer muchísimo. Una vez que, producto de nuestro examen de conciencia, decidimos cambiar el rumbo de nuestras vidas, tenemos que emprender el camino de regreso. Tenemos que caminar hacia esa nueva meta, hacia nuestro Padre.

San Francisco de Sales decía que todo se aprende precisamente haciéndolo: si quieres aprender a hablar, habla; a estudiar, entonces, estudia; a trabajar, trabaja; y solo aprendo a amar a Dios y a los otros amándolos. Es el poder del amor quien nos transforma y nos hace alguien.

Cristo en el centro de la relación de pareja: la parábola del Buen Samaritano

Hagamos un breve análisis de la Parábola del Buen Samaritano como nos la presenta san Lucas:

"Un maestro de la Ley, que quería ponerlo a prueba, se levantó y le dijo: «Maestro, ¿qué debo hacer para conseguir la vida eterna?» Jesús le dijo: «¿Qué está escrito en la Escritura? ¿Qué lees en ella?» El hombre contestó: «Amarás al Señor tu Dios con todo tu corazón, con toda tu alma, con todas tus fuerzas y con toda tu mente; y amarás a tu prójimo como a ti mismo.» Jesús le dijo: «¡Excelente respuesta! Haz eso y vivirás.» El otro, que quería justificar su pregunta, replicó: «¿Y quién es mi prójimo?» Jesús empezó a decir: «Bajaba un hombre por el camino de Jerusalén a Jericó y cayó en manos de unos bandidos, que lo despojaron hasta de sus ropas, lo golpearon y se marcharon dejándolo medio muerto. Por casualidad bajaba por ese camino un sacerdote; lo vio, dio un rodeo y siguió. Lo mismo hizo un levita que llegó a ese lugar: lo vio, dio un rodeo y pasó de largo. Un samaritano también pasó por aquel camino y lo vio, pero éste se compadeció de él" Se acercó, curó sus heridas con aceite y vino y se las vendó; después lo montó sobre el animal que traía, lo condujo a una posada y se encargó de cuidarlo. Al día siguiente sacó dos monedas y se las dio al posadero diciéndole: «Cuídalo, y si gastas más, yo te lo pagaré a mi vuelta.» Jesús entonces le preguntó: «Según tu parecer, ¿cuál de estos tres se hizo el prójimo del hombre que cayó en manos de los salteadores?» El maestro de la Ley contestó: «El que se mostró compasivo con él.» Y Jesús le dijo: «Vete y haz tú lo mismo» (Lc 10:25-37).

Creemos que en esta parábola Jesús nos indica el primer paso que cada uno de nosotros tiene que dar a fin de hacer realidad el traer a Cristo al centro de nuestra relación de pareja. Para experimentar un compromiso total con Dios, tenemos que amar al prójimo.

Queremos remarcar aquí:

1. Si leemos bien esta parábola, la primera pregunta de Jesús es: ¿Qué es lo que se halla escrito en la Ley? Entonces, queda claro que Jesús sabía qué es lo que estaba escrito en el Antiguo Testamento y lógicamente no reclama ese valor moral como original de Él.

2. No solo eso, sino que, además, Jesús siempre dijo que sus enseñanzas no eran suyas, sino del que lo envió y ¿quién lo envió? El Padre (Jn 7:16-17). El Papa Benedicto XVI vive esta enseñanza de Jesús. En su libro "La luz del mundo" explica que al proclamar la fe y al administrar los Sacramentos, cada sacerdote actúa en nombre de Jesús, pero no presentan sus ideas, sino el mensaje de Cristo, la fe de la Iglesia.

3. La mayoría de los comentarios bíblicos acerca de esta parábola coinciden en que el doctor de la Ley pretendía ponerle una trampa a Jesús. En el tiempo de Cristo, debemos tenerlo presente, un doctor de la Ley no necesitaba preguntar "¿Qué debo hacer para conseguir la vida eterna?" Se supone que el doctor de la Ley ya sabía qué era lo que estaba escrito y, por consiguiente, sabía qué era lo que tenía que hacer. ¿Por qué un

doctor de la Ley le preguntaría algo a alguien a quien ellos mismos consideraban que no era un Doctor de la Ley? Este doctor de la Ley estaba separando la primera parte, referente al amor a Dios, de la segunda, el amor al prójimo. Para Jesús, el amor al prójimo es la consecuencia lógica de la primera.

4. ¿En qué consiste la "trampa"? En que él quería que Jesús definiera quién era el prójimo. En el tiempo de Cristo la mayoría de las religiones existentes incluían este valor moral hacia el prójimo, pero la clave para entender la Parábola del Buen Samaritano está precisamente en la definición de la palabra "prójimo". La clave para entender a Jesús está en cómo Él re-define el concepto de prójimo.

5. Igualmente, en el tiempo de Cristo, para los judíos, el prójimo era únicamente otro judío. Lo que Jesús hace entonces, es una nueva definición de este valor moral, lo lleva a una nueva dimensión, lo hace universal: prójimo no está reducido a alguien de mi propia raza, familia o religión. Prójimo es el que está al lado tuyo, el que necesita de ti. El amor al prójimo pasa a ser la consecuencia lógica del amor a Dios.
Benedicto XVI, en su Encíclica *Deus Caritas est*, al referirse a esta parábola nos dice claramente que Jesús abolió los límites que los judíos tenían del concepto de prójimo y que para Jesús, todo aquel que me necesita y a quien yo puedo ayudar es mi prójimo.

6. ¿Por qué Jesús nos dice un caminante samaritano?" ¿Por qué Jesús no dijo un caminante egipcio o griego? Porque Jesús quiere remarcar ese nuevo entendimiento

del valor moral que significa la palabra prójimo. Recordemos que en el tiempo de Cristo los judíos consideraban a los samaritanos paganos e impuros. Esta es la parte esencial del mensaje de Cristo.

En esta parábola observamos que no ayudaron al necesitado los que se esperaría que lo hicieran, sino que el que ayudó fue precisamente del que menos se esperaría, uno que era considerado ¡enemigo!

7. Finalmente, y de igual importancia en esta parábola es el mensaje que Jesús nos está dando de entender que Dios se nos muestra también a través de personas concretas. En este caso, Dios se nos presenta a través de alguien que está en necesidad de ayuda, independientemente de que sea o no alguien de los nuestros.

Grassi nos dice que, si se pudiera resumir en una palabra cuál es la mayor preocupación en el Evangelio de san Lucas, sería la palabra: "metanoia", que significa, un cambio total y radical de la mente y del corazón. Por medio de esta parábola, eso es precisamente lo que Cristo nos invita hacer.

Si revisamos nuevamente lo que Jesús nos dice en esta parábola: "Pero un caminante samaritano, llegó a donde estaba, y viéndole se movió a compasión…" La pregunta es: ¿somos nosotros capaces de movernos, de sentir compasión, por el otro? En este caso concreto ¿somos nosotros capaces de conmovernos y compadecernos de nuestra pareja? Si el amor de Cristo vive en nuestra relación de pareja, entonces, tiene que existir compasión.

Preguntémonos: ¿Quién soy yo en esa parábola?

¿Cuándo somos nosotros los "ladrones" que despojamos al otro de todo?

En una sesión con una pareja les preguntamos si "existía violencia doméstica" entre ellos. La mujer de manera inmediata respondió: "¡Oh no! Eso sí que no, él nunca me ha pegado". Al escuchar la respuesta de su mujer este hombre mostró una "actitud de orgullo", pues con la respuesta de su mujer estaba claro que él "no usaba la violencia".

Esta es una respuesta clásica ya que generalmente se limita el concepto de violencia doméstica a la violencia física y nos olvidamos de que, cuando se habla de violencia doméstica, estamos hablando no solo de una violencia física, sino que también de una violencia emocional, psicológica, sexual, espiritual, económica.

En esta parábola cualquiera de los dos es uno de los ladrones cuando, por ejemplo, golpea físicamente a su esposo o esposa o a sus hijos. Cuando, de manera verbal, lo insulta o la insulta diciéndole: "eres buena o bueno para nada" o cuando incluso usamos palabras vulgares para herirlo o herirla. Cuando denigramos a los padres, hermanos y hermanas de nuestro compañero, aun cuando ellos no estén presentes. Cuando el hombre obliga a la mujer a tener relaciones sexuales aunque ella no lo desee o no se encuentre en disposición para ello.

Cuando, de manera consciente y premeditada, limitamos económicamente a nuestra pareja; también esto es una forma de abuso. ¿Cuántos hombres no usan estas limitaciones económicas para tener control sobre la mujer? Incluso, cuando van a los mercados para hacer las compras, ni siquiera le dan el dinero a la mujer, sino que ellos quieren estar ahí, para ver lo que se compra y para pagar ellos mismos. Extienden su poder y control incluso hasta en determinar lo que se puede o no comprar para el consumo de la familia. Ya no digamos cuando la mujer necesita dinero para comprarse sus cosas personales. ¿Cuántos hombres ni siquiera permiten que sus mujeres manejen, a fin de asegurarse de que ellas van a estar siempre en casa, como prisioneras las 24 horas del día? Es decir, nos convertimos en uno de los ladrones cuando, con nuestras acciones concretas, herimos al otro, les robamos su libertad y limitamos su pleno desarrollo.

¿Cuándo somos nosotros el sacerdote o el levita?

Nos convertimos en el sacerdote o levita de esta parábola cuando, viendo a la persona caída, pasamos de largo, no queremos verla o la ignoramos. Entonces, ¿qué hacemos? A pesar de saber claramente lo que tenemos que hacer, nos salimos de la casa para no estar viendo el sufrimiento del otro, nos vamos a platicar con el vecino, nos ponemos a tomar con los amigos o nos ponemos a trabajar, ya que "hay mucho que hacer", "hay que buscar cómo ganar un poco más". A veces, incluso, no es ni siquiera necesario salirnos de la casa para alejarnos de la situación, simplemente nos ponemos a ver la televisión o a escuchar música, es decir, buscamos una actividad que nos aleje de la situación y nos encierre en nosotros mismos. Buscamos comodidad imitando al avestruz; o nos encerramos en nuestros cuartos porque "tenemos que descansar". En fin, hacemos todo aquello que nos va a alejar de la situación que quizás nosotros mismos con nuestras acciones hemos provocado.

En suma, cada vez que cualquiera de los dos busca cómo alejarse, es como se convierte en el sacerdote o levita que huye y que no quiere enfrentar la realidad. Esta técnica de alejarnos, aunque aparentemente ayuda en el momento, no sirve para solucionar problemas, no ayuda en la consolidación de la pareja. Ocurre precisamente lo contrario, el problema se puede agravar y la relación de pareja se afecta y se deteriora.

¿Cuándo nos convertimos en la víctima de los ladrones?

Nos convertimos en víctimas cuando hemos sido heridos física, emocional, psicológica, sexual, espiritual y económicamente o hemos sido testigos de cualquier tipo de injusticia. Y ¿por qué es de importancia preguntarnos cuándo nos convertimos en la víctima?, porque de esa forma podemos experimentar el efecto de la injusticia, el dolor y el sufrimiento causado por alguien. Podemos estar en mejor capacidad de sentir empatía, es decir, ponernos en el lugar del otro, "ponernos en sus zapatos". El experimentar el sufrimiento nos da la capacidad de entender el sufrimiento de los otros.

Si nosotros somos capaces de sentir el dolor y el sufrimiento del otro que ha sido afectado por un acto de injusticia, tengamos la seguridad de que tenderemos a hacer algo para evitar causar dolor y sufrimiento a otro. La violencia solo es posible cuando no se toma en cuenta o en consideración al otro, cuando en nuestras acciones no logramos ver que el otro es un sujeto, un ser humano, con la misma dignidad que cualquier otro. Es importante identificarnos con la víctima para poder experimentar cuándo se nos ha tocado nuestra dignidad humana.

No tenemos ninguna duda de que todos necesitamos una dosis de empatía, que es la única que nos puede ayudar a ser más humanos y ser capaces de vivir el Evangelio en Cristo.

¿Cuándo nos convertimos en el "Buen Samaritano"?

¡Cuando nuestro corazón se conmueve y se vuelca hacia la necesidad del otro! La compasión no se limita a un sentimiento, necesita pasar a la acción. Vamos más allá del pedir perdón, cuando somos capaces de reconocer que hemos hecho una acción que ha tenido un efecto negativo en el otro y tenemos el valor de acercarnos al otro para "curar" las heridas con amor ("Se acercó, curó sus heridas con aceite y vino y se las vendó").

Cuando asistimos, servimos, cuidamos, protegemos, sanamos a nuestra pareja. Cuando, sin que nos lo hayan pedido, le ayudamos y le entregamos lo mejor y más valioso que tenemos: el amor incondicional.

Cuando somos capaces de incorporar al otro en nuestra vida, ("después lo montó sobre el animal que traía, lo condujo a una posada y se encargó de cuidarlo"). Ese "lo montó sobre el animal que traía" es el símbolo de poner al otro en nuestra vida y cuidarlo con preocupación, ternura y amor, cuando nuestra acción no se limita a poner a salvo al otro, cuando nuestra inquietud por el otro va más allá del momento presente, en cuando estamos pensando en el bienestar del otro no solo centrado en el presente, sino también, a largo plazo, pensando en el mañana: "Al día siguiente sacó dos monedas y se las dio al posadero diciéndole: «Cuídalo, y si gastas más, yo te lo pagaré a mi vuelta".

¡El amor en su forma más radical!

A fin de lograr una mejor comprensión de lo que estamos diciendo, creemos necesario dividir en cuatro momentos lo que Jesús nos pidió que hiciéramos:

Primero, amar al otro como a nosotros mismos

Amar al prójimo como a uno mismo es relativamente fácil. Es decir, si voy a amar al otro como a mí mismo, voy a amarlo con las características que yo tengo, con mis propias limitaciones, con mis miserias humanas, lo cual podría llevarme a escudarme en mis propias limitaciones para justificar la falta de expresión de mi amor por el otro.

¿Qué queremos decir con esto? Muchas veces, cuando hablamos con parejas, la mujer solicita al hombre que sea expresivo, que a ella le gustaría mucho que él le expresara sus sentimientos, lo que él siente hacia ella. En esas situaciones es muy común escuchar a hombres que responden: "A mí nunca me enseñaron a expresar mis sentimientos y emociones", "mi padre nunca me abrazó, nunca me dijo que me quería", "a mí nunca me ha gustado estar hablando mucho, simplemente digo lo que tengo que decir...". Con esta respuesta el hombre se escuda en una limitación objetiva, histórica, de por qué él no es expresivo con su mujer.

Este tipo de respuestas son muy comunes y las mencionamos aquí para dar ejemplos de cómo el amar al otro como a nosotros mismos está lleno de limitaciones. Preguntémonos: ¿Habría alguna mujer que se quedaría satisfecha con ese tipo de respuestas? No lo creemos.

Si bien esas respuestas son honestas, ya que esos hombres efectivamente nos dicen qué sucedió en sus vidas, es decir, que a partir de las experiencias concretas vividas quedaron marcados, aun así existe la alternativa de superar esas limitaciones, de dar un paso hacia delante. Digamos, si nuestro padre nunca nos abrazó y nuestro sentido común nos dice que es importante expresar nuestros sentimientos con un abrazo, entonces debemos considerar hacerlo: expresar con un abrazo nuestros sentimientos a ese ser que amamos.

Si en nuestra familia de origen nuestro padre o nuestra madre nunca nos hablaron, o si ni siquiera nos preguntaron jamás "¿Cómo estás?", "¿Cómo te sientes?" y nuestro sentido común nos dice que interesarnos por el otro es importante y necesario para nuestra relación, entonces necesitamos romper esa limitación, necesitamos dar un paso hacia delante, preguntar: ¿Cómo estás? ¿Cómo amaneciste? ¿Cómo te sientes hoy?.

Lo que pasó en nuestras vidas nunca será suficiente para explicar, mucho menos justificar y evadir en el presente una respuesta responsable y de amor. El pasado, lo que vivimos, experimentamos, sí afecta nuestras vidas, pero no determina nuestro presente ya que lo podemos escribir en el aquí y ahora de nuestras vidas. Analicemos nuevamente el ejemplo anterior, donde decíamos que el hombre justificaba su falta de expresión de afectos aduciendo que en su familia de origen su padre o su madre nunca le mostraron cariño:

- No hay duda de que esa falta de expresión de sentimientos le afectó en el desarrollo emocional de su vida.

- Él tiene la capacidad de analizar y comprender que esa conducta del padre o de la madre era inapropiada; es decir, la vivencia le permitió hacer la valoración y, al mismo tiempo, conocer y reconocer que sí había y hay otras conductas más apropiadas.

- Puede reconocer que esa conducta de su padre o de su madre no le ayudó a desarrollar de manera apropiada su capacidad para expresar afecto o sus sentimientos.

- El reconocer ahora que él tiene sentimientos, que sus sentimientos están ahí, que siente algo por los otros, en este caso por su compañera y sus hijos, es importante. Y también es que él reconoce que necesita del afecto de su compañera y de sus hijos; que el dar y recibir afecto es una parte importante de la vida de todos los seres humanos que él puede tomar la decisión de experimentar el afecto de otros y de expresar el afecto que él siente por los otros

- Es importante reconocer finalmente que hay que actuar. Es normal que, al inicio, cuando se toma la decisión de expresar el afecto y experimentar el afecto de otros, se va a sentir algo extraño pero, esto no debe ser motivo para no continuar con esa experiencia, al contrario, se debe seguir hasta que el expresar sus sentimientos y experimentar los sentimientos de los otros se haga algo normal en su vida. Poderlos experimentar como consecuencia la sensación de equilibrio, de salud, de plenitud y de armonía con nosotros mismos, con los demás y con nuestra pareja.

En suma, se trata de:

- Tomar conciencia de mi situación.

- Confrontar mis propias limitaciones

- Reconocer los deseos y necesidades de mi compañero o compañera

- No seguir escudándome en mi historia pasada, ni tampoco en el "así soy yo"

- Responder de manera positiva a los deseos y necesidades de nuestra pareja

- Tener la absoluta certeza de que un cambio en nuestra actitud, en nuestra conducta:

- Trae un beneficio inmediato a la otra persona porque se le está dando algo que necesita, que es importante para su vida y que nos ha pedido.

- Trae un beneficio inmediato a nosotros mismos, porque nos estamos liberando de las limitaciones del pasado, porque nos estamos dando una oportunidad para experimentar algo nuevo que el sentido común nos ha dicho que es mejor para nosotros y para nuestras vidas.

- Trae un beneficio inmediato a la relación de pareja. En la relación de pareja existe un principio absoluto: cualquier cambio en uno de sus miembros (en él o en ella) va a provocar ineludiblemente un cambio en la relación.

Pat Love nos dice que el amor está cambiando de manera permanente, que, a través de nuestras vidas, todo cambio hace que el amor cambie. Hagan ustedes mismos la prueba: si él o ella nunca pregunta, ¿cómo amaneciste? y usted toma la decisión de preguntarlo una mañana, tenga la seguridad absoluta de que el día entre ustedes será distinto. Una simple palabra, una simple pregunta tiene el poder de cambiar el ambiente de todo un día y quizás de toda una vida.

Segundo, amarnos unos a otros como Él nos ama (Jn 15:12)

Cuando decimos que Jesús fue más allá de amar al prójimo como a uno mismo, nos estamos refiriendo a que lo que Jesús nos pidió fue que amáramos a los otros como Él mismo nos amó. Este precepto va mucho más allá de simplemente amar al prójimo como a mí mismo.

Este nuevo mandamiento que Jesús nos dio, es lo único que le mostrará al mundo si somos o no sus discípulos (Jn 13:35). Jesús no nos dio ninguna otra forma para mostrar que somos sus discípulos. No nos dio camisetas con slogans, ni tampoco gorras o sombreros, ni medallas, ni ningún otro signo o símbolo material.

Si realmente queremos traer el amor de Cristo al centro de nuestra relación de pareja, entonces tenemos que amar, no solo como a uno mismo sino que, dedicando todo nuestro esfuerzo.

A veces nos maltratamos a nosotros mismos, en nuestros pensamientos o incluso, en voz alta. Nos decimos cosas poco amables como "soy un inútil", "no puedo hacer esto", "me siento un fracasado", etc; podemos embriagarnos, consumir drogas o usar pornografía. Quizás por eso, a veces pensamos que es lo más normal del mundo usar las mismas palabras, expresiones y acciones hacia los otros, incluyendo a nuestra pareja o a nuestros hijos.

Ahora habrá que preguntarse si queremos amar al otro como Cristo lo ama: ¿usaría Cristo malas palabras contra él o ella?, ¿le diría o haría algo para humillarlo?, ¿lo agrediría físicamente?, ¿le diría o haría algo para causarle una pena moral o emocional?, ¿abusaría?, ¿se saldría fuera de la casa para beber, hablar con sus amigos y dejar al otro sumido en sus sufrimientos?, ¿encendería la televisión para "encerrarse" en sí mismo y no escuchar al otro?, ¿se encerraría en el cuarto sabiendo que hay alguien herido en la sala? ¿qué crees tú que haría Cristo?

El reto que tenemos frente a nosotros es doble:

- Por un lado, tenemos que ver al otro como Cristo lo vería. Tenemos que evitar todo aquello que nosotros sabemos que Cristo evitaría. Al contrario, tenemos que decir y hacer todo aquello que sabemos que Él diría y haría por él o por ella.

- Por otro lado, ver en el otro la acción de Cristo hacia nosotros. ¿Cuántas veces hemos rechazado una caricia de nuestra pareja? ¿Somos acaso conscientes de que es el mismo Cristo quien nos está mostrando esa caricia? ¿Cuántas veces hemos ignorado unas palabras de aliento, de ternura, de cuidado, de amor? ¿Somos conscientes de que es el mismo Cristo quien nos está diciendo esas palabras? ¿Creemos nosotros realmente que Cristo nos muestra su amor, nos habla a través del otro? ¿Cuántas veces hemos visto en dificultades a los demás y hemos perdido la oportunidad de expresar nuestra humanidad, nuestro amor, nuestra entrega, en pocas palabras, perdimos la oportunidad de imitar y servir a Cristo?

Tercero, Jesús quiere que entreguemos nuestras vidas por nuestros amigos (Jn 15:13)

Benedicto XVI en su Encíclica *Deus caritas est*, describe este tipo de amor como el más radical. Se trata de estar dispuesto, como Cristo mismo lo hizo, a dar nuestra propia vida de manera incondicional. Podemos pensar que esto ya es pedir demasiado. ¿Quién va a ser capaz de entregar su propia vida por otro? En fin, nos podría parecer que es una petición fuera de la realidad.

Hay una tendencia a pensar o creer que aquellos que son capaces de dar su vida por los otros son seres humanos muy especiales, extraordinarios, con características humanas distintas a la de nosotros. Cuando hablamos de estos seres humanos nos referimos frecuentemente a personas que han hecho actos trascendentales como Martin Luther King, César Chávez; verdaderos líderes de las luchas civiles o Teresa de Calcuta, Monseñor Romero (de San Salvador, El Salvador), etc., religiosos que entregaron toda su vida viviendo el Evangelio. Cada uno de nosotros tiene todas las características necesarias para abrazar y hacer nuestro ese precepto de Jesús: dar nuestras vidas por los otros, especialmente nuestros compañeros, nuestros hijos.

Nuevamente traemos a nuestra memoria experiencias de algunas entrevistas a parejas. Uno de ellos nos decía: "¡Por mis hijos doy hasta mi vida misma!" Lo cual es loable, algo de alabarse. Qué bueno que existan seres humanos capaces de entregar su propia vida por sus hijos. Es exactamente lo que Jesús nos pide, ser capaces de entregar nuestra propia vida por el otro. "Si tengo que donar un riñón para que mi hijo se salve, lo hago sin pensarlo dos veces".

A veces, puede ser no tanto donar parte de nuestros cuerpos, sin cosas más sencillas como, por ejemplo, nuestro tiempo. Podemos acercarnos a esas agencias o instituciones que ayudan a los necesitados, como por ejemplo, la de san Vicente de Paúl. En la mayoría de nuestras Iglesias Católicas va a existir una organización para ayudar a los miembros de su comunidad que están en necesidad. Podemos ofrecer nuestra ayuda y esa ayuda no tiene necesariamente que ser una ayuda económica.

Esa entrega por y para el otro se hace más grande cuando no esperamos ninguna recompensa. Es la enseñanza de que la mano izquierda no sepa lo que hace la derecha (cf. Mt 6:3). Esto sucede, por ejemplo, cuando se dona sangre: la persona que se beneficia no nos conoce, no tendrá la oportunidad de agradecer nuestro gesto de amor. Por eso es que esta acción tiene un mayor valor a los ojos de Dios, porque no lo hicimos ni para que nos vieran ni para que nos lo agradecieran (Mt 6:1-2).

Dar la vida por el otro, de una manera incondicional, como símbolo de la más alta expresión del sacrificio humano, que es lo que el mismo Cristo hizo a fin de redimirnos del pecado y sin esperar nada a cambio, no creamos que se vaya a dar de la noche a la mañana. Tampoco esperemos momentos extraordinarios para demostrar que sí estamos dispuestos a dar nuestra vida por nuestro compañero.

Ese dar la vida por el otro es un proceso, de día a día, de hora a hora. Es en ese proceso en donde nos volveremos más humanos, donde creceremos y maduraremos espiritualmente. Comienza con pequeños pasos, por ejemplo, en esa madre que no se comió el pedazo de pan para que su hijo tuviera algo que comer o aquel que no se compró la camioneta nueva, la camioneta del año, porque había que pagar las cuentas ocasionadas por los problemas de salud de su pareja; o el esposo que dejó de ver la final del Campeonato Mundial de Fútbol porque prefirió llevar a su esposa a visitar a sus padres enfermos.

Es mejor no esperar momentos extraordinarios para hacer efectiva nuestra entrega. Dios nos ofrece preciosas oportunidades a cada instante, momentos ordinarios para hacer cosas ordinarias que van a tener un significado extraordinario. Cuando un hombre deja de ver el partido de fútbol o una mujer deja de ver la telenovela para atender una preocupación de su pareja, está usando un evento ordinario para hacer una transformación extraordinaria en su vida personal y de pareja.

Si alguien no está dispuesto a dar lo mínimo, mucho menos estará dispuesto a dar lo máximo.

Por último, Jesús nos invitó a cargar nuestra cruz y a seguirlo (Mt 16:24-25).

Preguntémonos: ¿Cómo puedo negarme a mí mismo? ¿Quiere esto decir que Jesús me está pidiendo que deje de ser yo? ¿Debo dejar de existir para que el otro exista?

Desde nuestro punto de vista y específicamente en la relación de pareja, el negarse a sí mismo no quiere decir que dejemos de ser nosotros, simplemente quiere decir:

1. Que por un momento me olvide de mí mismo, que, aunque sea un ser humano con necesidades, me olvide de ellas.

2. Que ponga las necesidades del otro en primer lugar, que dé prioridad al otro.

3. No importa el sacrificio que ello implique. Recordemos que esta entrega de sí mismo, este negarse a sí mismo, es incondicional.

4. Sentir satisfacción, sentirnos contentos y felices, de que le dimos el primer lugar al otro, de que fuimos capaces de hacer algo por el otro, poniendo a un lado nuestras necesidades. Recordemos una vez más: lo que caracteriza al cristiano no es el dar al otro, sino el dar con amor. Es ese dar con amor lo que nos trae alegría, paz y gozo.

Por ejemplo, cuando salimos a comer, aunque nos estemos muriendo por comer nuestra comida preferida ¿podemos anteponer lo que a nuestro compañero o compañera le guste e ir a ese otro lugar donde sabemos que va a sentirse contento o contenta? ¿Es esto inmensamente difícil o imposible?

Si el hombre necesita una camisa nueva y, a su vez, la mujer una blusa nueva, pero no hay dinero para comprar las dos cosas, el negarse a sí mismo es simplemente ceder el lugar al otro para que se compre primero lo que necesita.

En la relación sexual, negarse a uno mismo consiste en poner en primer lugar la satisfacción sexual del otro. Es contribuir, favorecer, ayudar a la realización del otro y dejar mis deseos en un segundo plano. Si ambos están con la misma actitud, con el mismo amor, es lógico que el resultado va a ser algo encantador.

Cuando hablamos de cosas mínimas, hablamos de lo que se nos presenta más a menudo en nuestra vida diaria. Las cosas excepcionales y extraordinarias no se dan con tanta frecuencia como las cotidianas.

Revisemos un día normal, veamos cuáles son las cosas que pasan. Si nos levantamos con hambre, ¿somos capaces de esperar y servirle al otro primero? Si tenemos que tomarnos un baño, ¿cedemos el lugar al otro? En pocas palabras, la pregunta es: ¿hacemos las cosas para que el otro se sienta alguien especial, importante, querido, apreciado por nosotros?

Si usted desea realmente poner en práctica eso de negarse a sí mismo, tenga la seguridad absoluta de que en un día, más aún, en una hora, usted encontrará más de una oportunidad para realizarlo. Cada momento de nuestra interacción con el otro lo podemos convertir en un momento para negarnos a nosotros mismos y entregarnos al otro.

Nuevamente aquí encontramos lo paradójico de las enseñanzas de Cristo. Este acto de renuncia de nosotros mismos nos lleva sin ninguna duda al encuentro con nosotros mismos. Hasta el día de hoy, después de 36 años de ayudar y apoyar a parejas a resolver sus conflictos, hemos encontrado que el que se niega a sí mismo en una relación de pareja, movido por el amor, siempre encuentra su recompensa inmediata. Estamos absolutamente convencidos de que, así como en las matemáticas 2 + 2 es igual a 4, todo hombre o mujer que es capaz de poner al otro en primer plano descubre que el otro tiene la oportunidad de responder exactamente con la misma actitud. El otro también muy probablemente va a hacer lo mismo, va a buscar cómo poner las necesidades del otro también en un primer plano.

Podemos afirmar que en una relación de pareja en la que predomina este principio, en la que el valor máximo para ambos es el de poner al otro siempre en primer lugar, va a existir mayor estabilidad emocional y madurez y que, cuando la vida les presente conflictos, de manera normal y natural, tenderán a no cuestionar la existencia de su relación y mucho menos a debilitarla.

El que pierde su vida por Cristo, la encontrará. Esto no está referido solo a algo que va a suceder después de nuestra muerte. ¡No! También está referido al aquí y ahora de nuestras vidas. La persona que antepone sus propias necesidades, la que centra todo en satisfacerse a sí mismo en primer lugar, es una persona que pierde su vida en el aquí y ahora. Esta persona comienza a romper sus conexiones con los seres que más la aman y lo peor es que comienza a perder conexiones con las personas que "cree amar". Es diferente decir "creo que te amo" a decir "yo te amo", porque si fuera un amor verdadero te preferiría a ti en vez de mí.

Todo lo contrario sucede cuando la persona pierde su vida por amor a Cristo. Jesús nos habló claro de que sí hay recompensa para todos aquellos que son capaces de negarse a sí mismos, tanto en la vida eterna como en la vida presente. Esa vivencia actual es la que nos da una idea de la recompensa venidera. Dios usa esos pequeños momentos en los que el uno se entrega totalmente al otro para darnos a conocer parte de lo que nos espera en la vida eterna. En ese darse, volcarse hacia el otro es que podemos experimentar los sentimientos más hermosos y sublimes.

Desde el punto de vista psicológico y específicamente en la relación de pareja, se nos habla también de esta paradoja: el miedo a perder nuestra individualidad. Maggie Scarf nos habla de esta paradoja diciéndonos que, por una parte, está siempre el deseo de llegar a ser uno, pero al mismo tiempo mantener el sentimiento de que cada uno es un individuo. El dilema fundamental en toda relación de pareja y que todos tenemos que confrontar, nos dice esta autora, es cómo mantener la autonomía individual y al mismo tiempo permanecer en una relación.

Pero tengamos cuidado. Tenemos la tendencia a pensar que cuando estamos en una paradoja, debe haber una solución que o favorece la individualidad o favorece la pareja. Esta es una manera equivocada de ver la relación individuo/pareja. Cuando la persona entra en una relación de pareja es ella, la pareja, quien da a sus miembros una nueva identidad. Es ese sentimiento de pertenecer, de ser parte y miembro de la relación lo que también nos define ahora, "lo que somos nosotros". Este es uno de los aspectos más trascendentales de la relación de pareja. Es en donde el "su" ("yo soy 'su' esposo, esposa, compañero, compañera") se hace una unidad con el "mí" (él, ella es 'mí' esposo, esposa, compañero, compañera). Eleva al individuo a una nueva categoría de existencia y le da vitalidad a la relación de pareja.

Capítulo III

El perdón en la relación de pareja

El rol de la compasión

Si queremos que el amor de Cristo esté en el centro de nuestras vidas, de nuestra relación de pareja, tenemos que estar dispuestos a poner a la compasión y el perdón como elementos centrales de nuestras vidas. Es la presencia de Cristo en nosotros, en nuestra relación de pareja, la que nos da la capacidad de compadecernos y de perdonar.

Nosotros, cristianos católicos, estamos firmemente convencidos de que, antes de que existieran la compasión y el perdón, ya existía el amor. No estamos hablando aquí de cualquier amor, estamos hablando aquí de un amor especial: el amor incondicional.

La existencia del amor es la condición indispensable para la existencia de la compasión y del perdón. No importa, como nos dice Davis Thomas, que a veces el amor incondicional tenga un sabor irracional.

Juan Pablo II afirma en su encíclica *Redemptor hominis* que la vocación fundamental de cada uno de nosotros es el amor y esto se da de manera natural. Ser creado a imagen de Dios, continúa diciendo Juan Pablo II, en su nivel más profundo, es haber sido creado para amar.

¿Existe acaso la persona perfecta? ¿La relación perfecta?

Por ello, la compasión y el perdón se hacen necesarios en la relación de pareja. Para que un matrimonio dure una de las habilidades que más debe practicarse es la del perdón. ¿Por qué? Porque no existe un matrimonio perfecto. ¿Por qué? Porque entre los humanos no existe un ser perfecto.

No existe ni persona, ni matrimonio, ni tampoco otro tipo de relación humana que sea perfecta. Estamos hablando de seres humanos que son imperfectos, que van a establecer una relación imperfecta, pero que tienen la oportunidad de caminar juntos en el sendero que los llevará a la perfección, a la presencia del Padre.

Entramos en la relación de pareja con esas imperfecciones. Esto implica que existe el riesgo de lastimar y ser lastimado. La única forma de evitar ser herido en una relación, nos dice Howard Markman, es simplemente no entrar en relación con nadie. Otros autores como Scarf nos dicen que una conexión real con otro ser humano va a envolver siempre vulnerabilidad.

¿Creen ustedes que es posible vivir en comunidad, vivir en sociedad y no entrar en relación con ninguna persona? Es imposible. La naturaleza del ser humano es precisamente vivir en comunidad. Al ser humano le fue posible sobrevivir como especie únicamente por esa característica. Esto nos lleva a entrar en relaciones interpersonales con los otros. Pero, como nos dice Janet Woititz, si queremos establecer y desarrollar una relación íntima saludable, no existe más que una posibilidad: permitir que nuestro compañero conozca nuestros sentimientos. Tenemos que correr riesgos y confiar, y lo tenemos que hacer con personas que no son perfectas, como tú y como yo.

Los matrimonios perfectos existen solamente en las páginas de las novelas. Muchas de las frustraciones de las parejas se deben a que hacen una comparación entre su vida real y la "realidad" que presentan la televisión u otros medios de comunicación. Nos decía una señora refiriéndose a una telenovela: "Cuando veo a ese hombre cómo ama a esa mujer, hasta me estremezco. Cómo quisiera que mi pareja me amara así, que mi pareja hiciera todo lo que ese hombre hace por esa mujer".

Breve análisis de la Parábola del Hijo Pródigo

Generalmente esta parábola es conocida como la parábola del perdón. Sin embargo, a pesar de que existe el perdón, esto no es lo central. Podemos pensar que la figura principal es la del hijo menor, pero no, es el Padre. El resto de los personajes, aunque también son importantes, se tornan secundarios en relación con el Padre, incluyendo al mismo Hijo Pródigo y su hermano mayor. Ellos son personajes secundarios que reciben la acción de amor del Padre. Nosotros creemos que debe ser llamada la Parábola del amor incondicional. Como lo expresa Nouwen*, esta parábola representa la historia de nuestra salvación.

Jesús en esta Parábola, más que en cualquier otra parte del Nuevo Testamento, nos muestra la característica esencial de su Padre que es el amor puro e incondicional. Veamos pues lo que san Lucas nos dice:

---

* NOUWEN, Henri, *El Regreso del Hijo pródigo*, PPC (1966)

Había un hombre que tenía dos hijos. El menor dijo a su padre: "Dame la parte de la hacienda que me corresponde." Y el padre repartió sus bienes entre los dos. El hijo menor juntó todos sus haberes, y unos días después se fue a un país lejano. Allí malgastó su dinero llevando una vida desordenada. Cuando ya había gastado todo, sobrevino en aquella región una escasez grande y comenzó a pasar necesidad. Fue a buscar trabajo y se puso al servicio de un habitante del lugar, que lo envió a su campo a cuidar cerdos. Hubiera deseado llenarse el estómago con las bellotas que daban a los cerdos, pero nadie se las daba. Finalmente recapacitó y se dijo: "¡Cuántos asalariados de mi padre tienen pan de sobra, mientras yo aquí me muero de hambre! Tengo que hacer algo: volveré donde mi padre y le diré: Padre, he pe cado contra Dios y contra ti. Ya no merezco ser llamado hijo tuyo. Trátame como a uno de tus asalariados." Se levantó, pues, y se fue donde su padre.

Estaba aún lejos, cuando su padre lo vio y sintió compasión; corrió a echarse a su cuello y lo besó. Entonces el hijo le habló: "Padre, he pecado contra Dios y ante ti. Ya no merezco ser llamado hijo tuyo". Pero el padre dijo a sus servidores: "¡Rápido! Traigan el mejor vestido y pónganselo. Colóquenle un anillo en el dedo y traigan calzado para sus pies. Traigan el ternero gordo y mátenlo; comamos y hagamos fiesta, porque este hijo mío estaba muerto y ha vuelto a la vida; estaba perdido y lo hemos encontrado". Y comenzaron la fiesta.

El hijo mayor estaba en el campo. Al volver, cuando se acercaba a la casa, oyó la orquesta y el baile. Llamó a uno de los muchachos y le preguntó qué significaba todo aquello. Él le respondió: "Tu hermano ha regresado a casa, y tu padre mandó matar el ternero gordo por haberlo recobrado sano y salvo". El hijo mayor se enojó y no quiso entrar. Su padre salió a suplicarle. Pero él le contestó: "Hace tantos años que te sirvo sin haber desobedecido jamás ni una sola de tus órdenes, y a mí nunca me has dado un cabrito para hacer una fiesta con mis amigos. Pero ahora que vuelve ese hijo tuyo que se ha gastado tu dinero con prostitutas, haces matar para él el ternero gordo". El padre le dijo: "Hijo, tú estás siempre conmigo y todo lo mío es tuyo. 32 Pero había que hacer fiesta y alegrarse, puesto que tu hermano estaba muerto y ha vuelto a la vida, estaba perdido y ha sido encontrado" (Lc 15:11-32).

Cuando hablamos con otros acerca de esta parábola, encontramos siempre un común denominador: a todo el mundo le gusta. Generalmente los comentarios encierran expresiones de "bello", "lindo", "me deja sin respiración", "un canto al amor", en fin, los elogios son innumerables. Algunos teólogos de la Iglesia Católica han dicho claramente que, si la Parábola del Hijo Pródigo así como también la Parábola del Buen Samaritano, no existieran en la Biblia, el Cristianismo sería totalmente diferente. Estas dos parábolas se encuentran entre las más conocidas de Jesús, incluso, por personas que no son católicas ni cristianas.

Nunca hemos oído a alguien que nos diga: "Después de escucharla, quedé desanimado". ¿Y saben qué? Nosotros sí nos hemos sentido desanimados, cuando la hemos leído y escuchado. ¿Por qué? Porque la pregunta que Jesús nos hace en esta parábola ha dejado al descubierto que nosotros no amamos de manera incondicional. El mensaje central de la parábola ha desnudado nuestra mediocridad humana. No tendríamos el valor de ver cara a cara a Cristo, pues la vergüenza inundaría todo nuestro ser. Aun si le diéramos mucho tiempo para meditar, sabríamos que la pregunta no se podría responder con un "sí" de nuestras acciones concretas.

Henri J. M. Nouwen dice que él no podría amar incondicionalmente, tal como este mandamiento se lo pide.

"Estaba aún lejos, cuando su padre lo vio y sintió compasión; corrió a echarse a su cuello y lo besó".

Tenemos que ser capaces de confrontar nuestra capacidad de amar. Tomemos conciencia de que la naturaleza humana, generalmente, nos lleva a poner condiciones para amar al otro. No solo eso, sino que incluso a veces podemos usar el amor al otro como una forma de chantaje emocional. Cuántas veces hemos escuchado la historia de: "¡Me pidió la prueba del amor!", "Si te entregas a mí, quiere decir que me quieres; si no, entonces no me quieres".

Ustedes que leen estas líneas saben que estas expresiones no se dan únicamente cuando "andábamos de novios", sino que aún en parejas ya establecidas puede suceder lo mismo: "¿No quieres estar conmigo esta noche? ¡Entonces, quiere decir que no me has perdonado!" Otros, más agresivos, ante la negativa de la esposa para acceder a tener relaciones sexuales, incluso las acusan con ofensas serias: "¿Quiere decir que ya tienes a otro?".

Incluso algunos papás pueden hacer algo semejante con sus hijos: "¡Si te portas mal, ya no te quiero!" o condicionamos lo que vamos a dar. Este tipo de técnicas tienen además otra característica: quien define si él o ella se portó bien somos nosotros, no el otro. Tenemos el poder de decidir si el otro se portó bien o no. No nos importa si el otro piensa o siente que sí cumplió con las condiciones y, por tanto, tiene derecho a la recompensa. Como nos dice Nouwen, el amor que vemos en el mundo tiene la característica de ser condicional. Nosotros podemos aspirar a un poquito más cuando estamos en el camino hacia el Señor, imitándolo lo más que podamos, de acuerdo con nuestras capacidades y pidiéndole que nos ayude a hacer uso de todo lo que Él nos ha dado.

En una ocasión una mujer con gran sufrimiento y lágrimas decía que su esposo le mostraba vestidos muy hermosos de talla menor a la suya y le decía "no te compraré ningún vestido hasta que te queden los de esta talla", agregando otras palabras de índole ofensiva. Preferimos no hacer ningún comentario aquí porque consideramos que está bien clara la ausencia de amor del esposo.

Otra señora que llamaremos Esmeralda, nos decía que vivía bajo constante angustia. Su pareja le decía que para llevarla de compras, tenía que cumplir algunas condiciones, como por ejemplo, limpiar y ordenar la casa antes de que él llegara del trabajo, tener la comida lista a su llegada, hacer que los hijos se comportaran bien. "No importaba cuánto yo hacía –nos decía Esmeralda– él siempre encontraba algo que no estaba bien hecho". Es decir, además de que no la llevaba de compras porque no había cumplido con las condiciones requeridas, era castigada, reprendida. ¿Y él? Él quedaba bien, quedaba con la imagen de que es bueno, dispuesto siempre a cumplir con su palabra, lo que pasaba es que los otros –en este caso Esmeralda–, no cumplían lo que se les había pedido. No nos cabe duda de que este hombre jugaba con él mismo, con Esmeralda y con sus hijos.

Permítannos traer a la conciencia de ustedes otra característica de ese tipo de comportamiento. En la experiencia de Esmeralda, al final ella misma se sentía culpable. Como muy bien lo explica Janet Woititz, estas personas terminan sintiéndose culpables y con una autoestima baja al pensar que fueron ellas las que fallaron.

En el caso de Esmeralda entonces:

- Se sacrificaba para complacer a su pareja.
- Comprometía todo su ser a fin de cumplir con las condiciones impuestas por su pareja.
- Esperaba una gratificación por todo su esfuerzo.
- Lo que recibía como respuesta era: "¡No te has ganado la gratificación!", además, una sanción, un castigo.
- El mensaje es: "¡Eres buena para nada!, lo que pido son cosas tan sencillas, pero tú no logras cumplir con lo que te pido".
- Esmeralda termina creyendo que todo salió mal por su culpa y no recibió recompensa, se crea en ella un nuevo problema: "¡yo soy la responsable! Soy incapaz de cumplir cosas tan sencillas", se observa que la autoestima se debilita.
- La historia no termina aquí, sino que, además, Esmeralda sigue creyendo que su pareja es buena y que quiere cumplir, pero si ella cumple con todas las condiciones que, en este caso, él le pone.

Los invitamos a reflexionar sobre este ejemplo. Quizás no sea exactamente como lo que podrían estar viviendo. Pero sí queremos decirle que cada uno de nosotros es responsable de ponerle un "hasta aquí" a ese tipo de abuso, cualquiera que sea su forma o su envoltura. Tenemos que aprender a llamar al pan, pan y al vino, vino. Nunca aceptemos la imposición de condiciones a fin de medir si somos buenos o no, si servimos para algo o no. Afrontemos la realidad, confrontemos al otro con la irracionalidad de sus posiciones y rechacemos toda posibilidad de sentirnos culpables por algo que no hicimos.

Ante los ojos de Dios, tenemos la obligación de cuidar lo que Él nos ha dado, nuestra dignidad. Necesitamos partir de la verdad de que todos somos iguales ante los ojos de Dios, "nadie tiene que someterse a mí porque, así como yo tengo dignidad, también el otro, en este caso mi pareja la posee y nada ni nadie podrá quitársela por muchos intentos que se hagan". Sabemos cuál es la manera de ponerle un "hasta aquí" a toda conducta abusiva y ofensiva. Hay que reemplazar nuestras acciones destructivas por el amor incondicional, el amor de Dios por el que continuaremos aprendiendo.

¿Qué hacemos cuando uno de nosotros siente que él o ella nos ha ofendido? No tenemos ninguna duda de que ¡exigiremos una explicación! "¿Por qué lo hiciste?". Esta pregunta encierra:

1. Que esperamos una explicación, un porqué.

2. Que tiene que ser una explicación satisfactoria

3. Que somos nosotros mismos quienes decidimos cuando una explicación es o no satisfactoria.

¿Es esto amar incondicionalmente?

"...Padre, dame la parte de la herencia que me toca..." Nouwen nos recuerda que, aunque no lo parezca, este fue un acto ofensivo por parte del hijo. Efectivamente, la petición del hijo es una ofensa grave al Padre. Creemos nosotros que no solo en el tiempo de Cristo, sino aun en nuestros días, esa petición encierra el deseo de la muerte al Padre. Es un rechazo total al Padre.

Hay que prestar mucha atención a esto. Aquí no se trata simplemente de que se presente un pecado, sino que, a partir de ese primer pecado, este hijo continúa su vida en pecado y que se va degradando. Un pecado nos lleva a otro y el otro a otro y así sucesivamente. Este hijo llega a lo más bajo que un ser humano podría haber llegado en el tiempo de Cristo.

La parábola nos dice que un habitante del lugar lo envío a cuidar cerdos. ¿Por qué "cerdos"? Porque los judíos consideraban a los cerdos como los animales más impuros, los más sucios, inclusive, no los comían. Jesús quería provocar una reacción fuerte entre la audiencia que lo escuchaba. Él buscaba cuidar que el mensaje fuera entendido en su profundidad. Cuidar cerdos sería lo último que un judío haría en ese tiempo, sería para ellos caer en lo más bajo.

Es una imagen muy fuerte usada por Jesús para mostrar a su auditorio cuán profunda es la degradación que sufre el pecador. Y esta imagen cobra todavía más fuerza cuando el Evangelio nos dice que el hijo "hubiera deseado llenarse el estómago con las bellotas que daban a los cerdos, pero nadie se las daba". ¡Ni siquiera podía comer lo que comían animales impuros!

Al igual que el Hijo Pródigo, una vez que se comete el primer pecado, se puede seguir avanzando en la senda del mal. Vivir en pecado se convierte en algo normal y, poco a poco, se puede llegar a conductas antes no pensadas. La esencia del pecado es herir la relación con Dios.

" '¡Cuántos asalariados de mi padre tienen pan de sobra, mientras yo aquí me muero de hambre! Tengo que hacer algo: volveré donde mi padre y le diré: Padre, he pecado contra Dios y contra ti. Ya no merezco ser llamado hijo tuyo. Trátame como a uno de tus asalariados'. Se levantó, pues, y se fue donde su padre".

"Y volviendo en sí, dijo: ¡Ay, cuántos jornaleros en casa de mi padre tienen pan en abundancia, mientras yo estoy aquí padeciendo hambre! No, yo iré a mi padre y le diré: Padre mío, pequé contra el cielo y contra ti; ya no soy digno de ser llamado hijo tuyo; trátame como a uno de tus jornaleros. Con esta resolución se puso en camino para la casa de su padre..." Una buena confesión requiere un buen acto de contrición. Debe haber una revisión sincera de nuestra situación a fin de que podamos pedir perdón. Asimismo, debe existir el propósito de enmienda, una resolución de hacer algo a fin de salirnos del pecado y poder mantenernos en una vida libre del pecado. Cuando a Jesús le trajeron a la "mujer adúltera", al final le dijo que Él tampoco la condenaba y que no pecara más (Jn 8:11). Esto es precisamente lo que Jesús nos pide hacer a través de la imagen del Hijo Pródigo.

Durante más de 36 años ayudando a parejas, hemos visto una y mil veces situaciones en las que el ser humano tiene que tocar fondo para encontrarse a sí mismo. ¿Han oído ustedes estas expresiones?: "¡Hasta que lo perdí me di cuenta del valor que tenía!", "¡Si hubiera sabido antes que él o ella me dejaría, no lo hubiera hecho!" ¿Por qué tenemos que perder a alguien para darnos cuenta su valor?"

No hay duda de que tomar conciencia de que andamos mal es el primer paso. Luego tenemos que emprender el camino de regreso. Muchas veces eso que parece tan difícil es realmente lo más fácil. Por ejemplo, ¿qué es lo difícil en esta situación?:

- Tomar conciencia: que lo o la ignoro; que busco cómo estar lejos de él o ella; que la o lo estoy maltratando (verbal o físicamente); que estoy abusando de él o de ella, etc. En esta toma de conciencia no debe jugar ningún papel el encontrar una justificación del por qué lo estamos haciendo. No existe ninguna razón válida para herir la dignidad de otra persona. Ni siquiera es válida la pretendida justificación de "que no sabía lo que estaba haciendo". Como se dice en derecho, "nadie puede alegar ignorancia de la Ley".

- Poner un alto a toda conducta negativa. No permitirnos continuar haciendo algo que hiera la dignidad humana del otro. No puede ni debe existir una tolerancia a este tipo de conductas, no hacer absolutamente nada ofensivo. Hay que entender que no tenemos ningún derecho de conducir nuestra vida de tal manera que afecte negativamente al otro.

- Mostrar una nueva actitud, una nueva disposición, una nueva conducta, revestirnos del hombre nuevo. Hay un refrán popular muy conocido "el camino al infierno está hecho de buenas intenciones". No basta pues con que tomemos conciencia de nuestra situación y pensemos que vamos a cambiar. No es suficiente poner un alto a todo tipo de conducta que sabemos afecta negativamente al otro. Tenemos que hacer cosas nuevas. Si antes la o lo ignorábamos, ahora tenemos que validar su presencia, prestarle atención; si antes buscaba cómo estar lejos, ahora busco cómo estar cerca, celebrar estar a su lado haciendo acto de presencia; si antes maltrataba, ahora muestro conductas amables, benévolas, consideradas, serviciales, piadosas; si antes abusaba, ahora muestro respeto total.

Nos decía una mujer que sentía vergüenza de lo que había hecho. No se sentía capaz de ver cara a cara a su pareja ni a sus hijos. "Me di cuenta de que yo no valía nada". La vergüenza juega un papel importante en el proceso de reflexión. La presencia del sentimiento de vergüenza puede ser de mucha utilidad para poder confrontarnos con nosotros mismos. La persona que alguna vez siente vergüenza de lo que hizo, podrá recapacitar con mayor facilidad, ser humilde y pedir perdón. Debemos usar ese sentimiento de vergüenza de forma constructiva para que nos ayude a salirnos del hoyo en que hemos caído. Debemos dirigir nuestra reflexión para salir de la situación de pecado y buscar cómo sacar todo lo positivo que podamos de esa experiencia.

Por la misma naturaleza humana vamos a tener flaquezas y algunas caídas. Lo más importante será levantarnos lo más pronto posible y aprender de lo que hemos vivido: "Padre, he pecado contra Dios y ante ti. Ya no merezco ser llamado hijo tuyo".

Es importante distinguir al pecado del pecador. Cuando un recién nacido ensucia los pañales, lo que botamos a la basura son los pañales sucios. No vamos a botar al niño. Cuando realizamos conductas inapropiadas, lo que debemos botar a la basura son precisamente esas conductas inapropiadas, pero no a la persona. Tenemos que perdonar como nos lo dijo Jesús, setenta veces siete (Mt 18:21-22; Lc 17:3-4)

"¡Rápido! Traigan el mejor vestido y pónganselo. Colóquenle un anillo en el dedo y traigan calzado para sus pies". Cuando tomamos la decisión de enderezar nuestros pasos debemos tener la absoluta seguridad de que:

- Dios es misericordioso, por tanto, nos perdona, no importa cuán grande haya sido nuestro pecado; la misericordia de Dios está ahí, al alcance de nuestra mano y es más grande que cualquier pecado.

- Somos nosotros los que la tenemos que pedir perdón en un acto, fruto de la reflexión.

- Dios no solo nos concede su perdón, sino que nos devuelve la dignidad que habíamos perdido y se regocija en ello. En ese momento gozamos y vivimos nuevamente en su gracia.

Ese es el mensaje que Jesús nos presenta. No importa lo que hayamos hecho, no importa si por el pecado nos alejamos de Dios por un año, veinte o cuarenta. No interesa si no hemos estado haciendo uso de los Sacramentos a fin de vivir en gracia. Lo que Jesús nos está diciendo es que Dios va a prestar una gran atención a la actitud de arrepentimiento, a nuestra capacidad de ser humildes, de pedir perdón y de querer entrar en una relación nueva con Él.

Recordémoslo una vez más: Dios sabe que somos imperfectos, por eso no presta atención a nuestras imperfecciones, sino a nuestra capacidad de amar. Al dejar el pecado y acercarnos a Dios, Él nos va a poner, con mucho regocijo, el vestido más precioso que hay en casa, nos va a poner un anillo y nos va a calzar pero, sobre todo, nos abrigará en sus brazos celebrando nuestro regreso a Él. Todo esto quiere decir que nos va a devolver la dignidad de hijos de Dios que, en cierto modo, habíamos perdido. Dios nos acepta tal y como somos.

La necesidad del perdón en la relación de pareja

Tanto nosotros como los otros, somos imperfectos. Hemos mencionado que solo por el hecho de estar en relación con otros vamos a ser heridos, ofendidos, directa o indirectamente. Por ello, la presencia del perdón en la relación de pareja tiene que ser algo constante y permanente. Es de suma importancia ponernos en la presencia de Dios ya sea para pedir o para conceder perdón.

El perdón implica:

- Una decisión personal, voluntaria, producto de una reflexión íntima. Por tanto, cada uno es responsable de dar el perdón. No podemos decir "yo te perdono porque… me lo sugirió Fulanito". Aun si alguien me lo sugiere, yo soy el único que toma la decisión de perdonar.

- Es un acto cuyo efecto va a caer sobre el otro y sobre nosotros mismos.

- La persona que perdona está renunciando a la venganza. La persona reconoce y acepta que ha sido golpeada, agredida, insultada, por el otro, aun así, renuncia a vengarse.

- La persona muestra un acto de caridad, de compasión, de misericordia al otro. El perdón verdadero, genuino, viene del corazón.

- Al conceder el perdón, se está liberando a sí mismo de las cadenas del rencor, del resentimiento y hasta del odio. Por tanto, se está haciendo primeramente un regalo a sí mismo.

- Abre la posibilidad de establecer una nueva relación, de acuerdo con los distintos niveles en que esta se puede dar. Por ejemplo, hemos sido testigos de personas que perdonan a alguien con el que no se relacionan por que guardan una distancia física recomendada o porque existe una separación geográfica e inclusive porque ya esa persona está muerta.

El que "recibe" el perdón (aquí nos centraremos primariamente en la relación de pareja):

- Es indispensable que tome conciencia de que cometió una falta contra el otro.
- Asume total responsabilidad por su acción; él o ella es el único responsable de lo que hizo, o no hizo.
- Debe pedir perdón de una manera clara a la persona que dañó. No basta con decir: "ya él/ella sabe que cometí un error, ya no hay necesidad de volver a decirlo".
- Se compromete a no repetir las acciones en cuestión.
- Debe hacer algo para reparar el daño causado.
- Tomar conciencia de que la vida y esa persona en particular que le perdona, le están proporcionando una nueva oportunidad para establecer un nuevo tipo de relación basada en esa dignidad humana que todos poseemos.

Somos conscientes de que no somos perfectos, ni lo seremos nunca en esta vida. Pero queremos caminar hacia la perfección y la santidad. ¿Podemos mostrar misericordia a nuestra pareja, a nuestros hijos? ¿Podemos conceder el perdón sin esperar nada a cambio?

Cuando Jesús le pidió a su Padre que perdonara a los que lo estaban maltratando (Lc 23:34), ¿qué podría haber estado esperando a cambio? Simplemente fue movido por su capacidad total de compasión y, en vez de pedirle al Padre que los castigara, le pidió que los perdonara, porque al final realmente no sabían lo que estaban haciendo.

Es lo opuesto a lo que nosotros haríamos espontáneamente: cuando nos sentimos ofendidos, heridos; cuando sentimos que alguien abusó de nosotros, empezamos a pensar en cómo nos vamos a vengar, cómo vamos a darle al otro su merecido.

Imitamos a Dios en la medida en que somos capaces de renunciar a la venganza, cuando mostramos caridad, compasión, misericordia. Dios nos da su amor de manera gratuita, de manera incondicional, sin decirnos qué es lo que tenemos que hacer con el amor que Él nos está dando. Dios nos deja que seamos responsables de lo que vamos a hacer con ese amor que hemos recibido de manera gratuita. Dios nos deja libres, incluso, de tomar la decisión de no amarlo, de alejarnos de Él.

Hablando con una pareja que había sufrido por infidelidad de parte de la mujer, el hombre nos decía: "¿Si yo la perdono y lo vuelve a hacer?" Recordemos algo esencial: lo que él o ella hará con el perdón que hemos concedido, no nos exime de perdonar. Nosotros no podemos decir que vamos a amar solo si el otro nos responde con amor. Imitar a Cristo significa amar al otro independientemente de si nos corresponderá o no. Madre Teresa de Calcuta decía que las personas frecuentemente son, irrazonables, ilógicas y egoístas pero que a pesar de ello las perdonáramos.

Recordamos aquí esa historia en la que un estudiante miraba a su maestro que estaba tratando de sacar a un escorpión que había caído en el agua. El estudiante veía que cada vez que el maestro metía su mano para sacarlo del agua, el escorpión trataba de picarle la mano. En un momento el estudiante le preguntó al maestro: ¿Por qué quiere sacarlo del agua si usted sabe que el escorpión va a tratar de picarlo? El maestro le respondió: "Yo sé que su naturaleza, su instinto le lleva a picar, pero su naturaleza no va a cambiar la mía que es ayudar".

Lo que debe regir y dirigir nuestra acción es imitar a Cristo, imitar a Dios perdonando. Si el ofensor mostró no solo su capacidad de reflexión y de aceptación del error, sino que también, de revestirse de humildad y pedir perdón, debemos asumir que también tendrá capacidad de asumir responsabilidad de qué es lo que hará con el perdón que ha recibido.

Lo entendemos perfectamente. Para cada uno de nosotros es muy fácil decir que queremos imitar a Cristo. No nos cabe duda de que muchos de nosotros lo decimos con sinceridad, lo anhelamos, queremos que ese amor que Cristo nos mostró viva en nosotros. Pero el asunto es que no va a aparecer en nosotros, si no hacemos algo. Seguramente no nos iremos a dormir y, al día siguiente, por arte de magia, seremos capaces de imitar a Cristo. Todo parte de la decisión esencial de imitar a Cristo, pero luego viene un trabajo constante para hacer lo que Cristo nos dijo que hiciéramos en cada una de nuestras acciones.

¿Seremos nosotros capaces de hacer lo mismo? Cuántas veces lo primero que se nos viene a la mente es: "¡Eso no lo perdono!" Hasta usamos el nombre de Dios para darle mas énfasis y nos atrevemos a decir "Eso ni Dios lo perdona", mucho menos yo. Cuando me gritó, me insultó, mencionó mi pasado, me dejó, no me dijo que…, no me hizo…, olvidó, etc. Enumeramos una cadena, una lista de faltas que, incluso sucedieron hace años.

Cuando sentimos que no podemos y decimos que "eso

no lo perdono", provocamos que la otra persona tenga una cuenta pendiente con nosotros para el resto de su vida. Estamos insinuando que tendrá que pagar por lo que hizo, sin la posibilidad de que algún día pueda decir: "Ya lo pagué, ya cancelé la deuda pendiente". Hay momentos que, aunque no lo pensamos, estamos diciendo claramente que esa cuenta nunca será pagada o saldada. Haga lo que haga la otra persona, siempre la cuenta estará como una deuda pendiente con el banco: en "saldo rojo".

¿Cuántas veces amenazamos y decimos: "¡Esto que me hiciste te saldrá muy caro!"? Esto muchas veces tiene consecuencias nefastas para la relación de pareja porque la gente se cubre de deudas que siente no podrá pagar. Este tipo de actitudes ponen en riesgo la estabilidad y continuidad de la relación. Es como decir: está demás seguir pagando porque siempre tendré una deuda pendiente.

Cristo nos pide que dejemos a un lado nuestro dolor y seamos capaces de ser compasivos ante la miseria del otro. De manera constante Él puso las necesidades del otro en primer plano. Los Evangelios están llenos de experiencias en donde Jesús muestra compasión, incluso hasta del hambre que otros sienten (Mt 15:32). ¿Qué es lo que movió a Jesús? Su entendimiento de la situación, estaba consciente de que los otros estaban en necesidad.

Pero también tenemos que ver que Cristo nos habló de las consecuencias que esperan a aquellos que, habiéndoseles dado la oportunidad del perdón, abusan de él (Mt 18:15-22).

La persona que cometió la falta es la única responsable por su acción. No puede justificar su acción a partir de algo que el otro haya hecho. Recordamos aquí la historia de un hombre que habiendo sido infiel explicaba que su infidelidad era porque su mujer "no servía en la cama". Es decir, además de que él era quien había cometido un acto de infidelidad, de falta de respeto, de ofensa a su pareja, quería hacer responsable de lo sucedido a ella.

A este hombre no le importaba que su pareja, además de recibir el golpe que la ofensa de la infidelidad conlleva, tuviera ella que asumir responsabilidad, de sentirse culpable por "no servir en la cama", por lo que, su "pobre marido" tuvo que ir a buscar a otra. ¿Qué es lo que realmente debe hacer un hombre que se considera a sí mismo responsable? Si siente que su mujer no sirve en la cama, entonces su responsabilidad es enseñarle para que sirva, aunque es más bien aprender los dos juntos para que, los dos sirvan en la cama y de esa manera, obtengan la satisfacción que buscan.

Muchas veces hemos encontrado que las mujeres asumen, con gran facilidad, la responsabilidad de las faltas cometidas por sus parejas. Un hombre decía que ya no se sentía sexual-mente estimulado por su mujer porque esta había engordado mucho. Increíble, pero cierto: la mujer aceptaba que ella era responsable de la falta de interés sexual de su compañero porque efectivamente había aumentado de peso de manera excesiva. Además de verse rechazada por su marido, de que la conducta de su marido es irrespetuosa y que hiere su es-tima personal, asume la culpa de que lo que está pasando es por culpa de ella. Este tipo de comportamiento no puede ser admisible en una relación de pareja. Invitamos a todos a que le pongamos un "hasta aquí" a asumir la responsabilidad por cosas que no nos corresponden.

El que perdió el interés sexual es él, no ella. Tenemos que comprender que, en este caso, la mujer no es y no puede ser responsabilizada de la pérdida del interés o atracción sexual por parte del compañero. No puede ni debe ser admisible que una mujer asuma esa carga. Además de que su dignidad como persona, como mujer, ha sido herida, ¿por qué tendría ella que sentirse culpable? Si ese hombre ha perdido el interés sexual eso es única y exclusivamente un problema que parte de él mismo. Es él quien tiene que iniciar los pasos de cómo solucionar su problema. La mujer puede contribuir, ayudar para que él pueda superarlo.

Este hombre tiene que aprender, ser capaz de ver la esencia, lo que define al ser humano: ¡lo que está en el corazón!

Otro hombre nos decía que él "no podía aceptar las cosas que su mujer decía, porque su mujer lo único que hacía era repetir lo que su madre le decía." ¿Qué nos decía la mujer? "Es cierto, mi madre influye en mí".

Ella misma se estaba condenando. Estaba aceptando que su compañero tenía razón. Estaba aceptando que, como su compañero tenía razón, ella se merecía el castigo que el compañero le estaba imponiendo. Ella ya no es la víctima de su compañero, ni él es el victimario. Ella siente que ha cometido una falta y ahora está frente a su compañero que se ha convertido en un juez justo que simplemente está haciendo lo correcto. Nuevamente, insistimos, este tipo de razonamiento es totalmente inadmisible.

Tenemos que poner un "alto" a este tipo de situaciones y razonamientos. Aunque sea absolutamente cierto que, en este caso, la mujer escucha a su madre y únicamente viva repitiendo lo que su madre le dice, este hombre no tiene ningún derecho a castigarla, a sancionarla porque ella decide seguir la guía de la madre. Si él se considera con derecho de castigarla y ella siente que merece el castigo, se van a destruir mutuamente, como personas y como pareja.

Lo que debe hacerse es sentarse a dialogar, expresar mutuamente sentimientos y pensamientos, señalar lo que cada uno considera que es un error, buscar entre los dos una salida positiva al problema y así crecer como personas y como pareja. Por ejemplo:

- La madre de esta mujer dice lo que quiere. Nadie puede evitar que ella diga lo que quiera, cuando y a quien quiera.

- Es importante que tomemos conciencia de que lo que la madre de esta mujer diga no es el problema; a veces podemos culpar a otro y poner la raíz de los problemas donde realmente no está; como dice el refrán popular "al perro flaco se le pegan las pulgas". ¿Cuántas personas repiten en sus vidas lo que oyeron y vieron en las telenovelas o películas? ¿Por qué no culpamos entonces a las telenovelas o películas?

- El problema tampoco está en que la mujer escuche a su madre. La mujer, como hija, puede escuchar a su madre, escuchar con respeto y por supuesto después tomar su propia decisión, así sea lo mismo o no de lo que le dijo la madre. El esposo no puede pedir a su mujer que no escuche a su madre, no sería apropiado. Sería una falta de respeto hacia su mujer y hacia la madre de su mujer. Pedirle que no escuche a su madre es un abuso frente a la dignidad de su compañera.

- El problema en este caso sería que la mujer no tuviera la suficiente fuerza interior frente a su madre o frente a otras personas para seguir tomando sus propias decisiones. Debe lograr *"desprenderse"* del otro y desarrollar su autonomía como persona.

- Esto es lo que ambos tendrían que dialogar como pareja: centrarse en lo que sí es el problema, es decir, la necesidad de desarrollar su autonomía, pero no para castigar, sino para tomar conciencia del verdadero problema y, si es el caso, ayudarle a ella a independizarse.
- En conjunto, como pareja, deben analizar y poner en práctica estrategias que les ayuden a fortalecer los límites que deben tener no solo frente a la madre de ella, sino también frente a otros y la sociedad en general.

Perdonar no es olvidar

La relación entre perdonar y olvidar es algo que puede crear cierta confusión. Algunas veces podemos creer que significan lo mismo. Pero no es así.

No tenemos que olvidar lo que pasó. Esto es un imposible. Desde el punto de vista biológico, fisiológico, en el funcionamiento de nuestro cerebro, no es posible olvidar un evento que experimentamos y que, además, tuvo un impacto emocional fuerte en nuestras vidas.

Recordamos aquí a una señora que llamaremos Enriqueta. Nos pidió la hipnotizáramos para que olvidara a su marido. Recordamos que le dijimos:

- "¿Enriqueta, usted nos está pidiendo que la volvamos loca?"
- De manera inmediata respondió: "No, no vengo a pedir que me vuelvan loca, lo que quiero es que me ayuden".
- "Si nosotros la hipnotizamos, el próximo sábado cuando su marido venga a recoger a sus hijos, usted no lo va a reconocer. Le va a decir que por qué se quiere

llevar a sus hijos y todos van a pensar que usted se ha vuelto loca".

¿Qué es entonces perdonar sin olvidar? Significa que, habiendo perdonado al otro, el recuerdo, la memoria del evento, pierde su contenido emocional negativo. La persona deja de estar apegada emocionalmente al suceso. Puede incluso reflexionar sobre el mismo con serenidad y objetividad.

Nathaniel Branden lo explica de esta manera:

- Aceptar no significa necesariamente gustar, admirar, aprobar.
- Es simplemente aceptar la experiencia tal cual pasó sin negarla, sin reclamar "¿Por qué me hiciste esto a mí?"
- Es rehusar a cambiar lo que no se puede cambiar: lo que pasó, pasó y no podemos retroceder el tiempo.
- Es enfrentar la verdad sin mirar a otro lado, sin moralizar, sin argumentar, es decir, sin tratar de escapar.
- La meta de la aceptación es dejar ir el dolor, el resentimiento, el estar absorbido o estancado en el pasado.
- Es superar el impacto emocional negativo y seguir adelante.

Ejercicio

Pasos para alcanzar el perdón

Hay muchos autores que proponen pasos concretos a fin de lograr el perdón y la reconciliación. Todos los esquemas que se presentan tienen sus aspectos positivos y negativos. No existe el método perfecto. El único método perfecto es el que una pareja concreta decide poner en práctica y encuentra que les ayuda a superar sus dificultades.

En esta ocasión tomaremos, únicamente como guía general, el esquema propuesto por varios autores, entre ellos Howard Markman y Stanley. No se sientan frustrados si al decidir implementar estos pasos sienten que no les dan resultado la primera vez. Muchas veces se requiere poner en práctica estos métodos no una vez, sino dos, tres o a veces más. Conocer un método es un primer paso, pero lo esencial no está en el método, sino en la actitud de cada uno de nosotros y en ser constantes y perseverantes en su uso.

1 Rezar como individuo y como pareja

Pedir la presencia e intervención del Espíritu Santo para que les ayude y guíe en lo que van a hacer. En nuestra experiencia, todos aquellos que inician sus diálogos invocando la presencia del Espíritu Santo, reportan una sensación de tranquilidad y de confianza en lo que están haciendo. "Me dio una sensación de estar protegida", nos decía una señora. Iniciar con una oración es un símbolo de humildad, de reconocer que solos no podemos y que con la ayuda de Dios nos será posible trabajar sobre el problema y buscar una solución positiva y efectiva.

Cuando sugerimos que se inicie con una oración individual y de pareja, no necesariamente estamos sugiriendo pasar horas rezando. Una oración y meditación puede tomarnos unos pocos minutos.

2 Planear encuentros para discutir el problema

Es de suma importancia que ambos estén de acuerdo en un tiempo, lugar y duración para sentarse a dialogar sobre el problema.

3 Respeto absoluto del tiempo sin aceptar interrupciones

Una vez que decidieron hablar sobre el problema, evitar las interrupciones. Hay que apagar celulares, ignorar el teléfono si suena, apagar la televisión y la radio, concentrarse, lejos de las distracciones de hijos, familiares y amigos que puedan interferir.

Hasta donde nosotros sabemos, nadie se ha muerto por mantener apagado su celular por una hora, ni por no recibir familiares ni amigos en una hora determinada, mientras los niños están durmiendo o no se encuentran en la casa.

4 Ambos tienen que estar de acuerdo en dialogar sobre el problema

Si no estás de acuerdo en hablar sobre lo que tu pareja considera un problema, es mejor no hacerlo. Sin embargo, hay que tener presente que los problemas no se solucionan con decir "ya no existe el problema", con huir del problema, ignorarlo, no hablar de él. Aun en el caso de que el otro piense que realmente no hay un problema, es importante mencionar que para ti sí es un problema. Por lo tanto, hay un problema del que debe hablarse.

5 Mantener el diálogo enfocándose únicamente en el problema

Es importante estar centrados en el tema. Recordar que en todo diálogo es muy tentador meter otros temas. Cada uno debe estar alerta, vigilante, para no mezclar los problemas y cargar innecesariamente la conversación con temas que no vienen al caso.

6 Ambos se comprometen a mantener una actitud abierta, franca y sincera

Hay que deponer toda actitud defensiva. Él o ella no son un enemigo que está enfrente de mí. No es alguien que está ahí para atacarme o castigarme. No es un juez que busca elementos para condenarme. Mi pareja es alguien que me acompaña en la búsqueda de la solución de algo que interfiere en nuestra relación de pareja, por lo que solo juntos lograremos una solución satisfactoria.

El que ofendió:

a. Debe asumir su responsabilidad

Es importante asumir que se es el único responsable. Aquí no se trata de decir: "Bueno, yo me responsabilizo del 60% y tú del otro 40%". Aun en el caso de que 100 jueces confiables dijeran que es cierto, que hay una repartición de responsabilidades, lo que se pretende aquí es enfatizar que cada uno debe asumir plena responsabilidad de lo que le corresponde. Para pedir perdón tengo que hablar de mi responsabilidad. No puedo pedir perdón hablando de la responsabilidad del otro, de lo que el otro hizo o dejó de hacer.

b. Reconoce que con su acción hirió al otro

No se puede permitir que el que ofendió sea quien decida si con su acción ofendió o hirió al otro. Tampoco el que ofendió puede ser quien defina cuanto ofendió o hirió. Como nos decía un señor: "Lo que pasa es que ella es histérica y todo lo exagera." Con esta afirmación este señor está demostrando que:

- No tiene realmente una actitud positiva para resolver los problemas.

- Lejos de querer solucionar el problema, continúa ofendiendo e hiriendo al caracterizar a su mujer de histérica, exagerada.
- Pretende minimizar la gravedad y consecuencias de su ofensa.
- La persona afectada es la única que puede decir si fue ofendida, herida y cuánto.

c. Valida que el otro ha sido ofendido y herido

Al reconocer y aceptar su responsabilidad está validando, admitiendo que efectivamente hirió al otro.

d. Asume las consecuencias de su acción

Asumir responsabilidad de una acción implica necesariamente asumir las consecuencias de lo que hizo. No se trata pues de decir simplemente: "Sí, sé que hice mal", sino de asumir la responsabilidad también por las consecuencias. Como dice el dicho, "El que quebró el plato, paga el plato".

e. Asume un compromiso de "hacer algo" para reparar el daño

Debe comenzar con lo mínimo e indispensable: "Poner un alto" a toda conducta negativa. Luego, realizar acciones que contribuyan a la curación, a la sanación de las ofensas y heridas causadas. Si, por ejemplo, ofendí a su familia por algún comentario:

- Evitar en adelante todo comentario negativo sobre su familia.
- Si tengo que referirme a su familia, hacerlo en términos positivos; mirando lo bueno que hay en los miembros de su familia;
- En caso de que no tenga nada bueno que decir, por lo menos tener el decoro y el tacto de no decir nada.

La persona ofendida o herida concede el perdón. Ambos se comprometen a poner todo el asunto en el pasado. Como se dice comúnmente, "no se vale" traer nuevamente el pasado al presente. Ambos toman conciencia de que esto es un proceso, un proceso que les va a demandar tiempo, esfuerzo, perseverancia y amor.

Pueden terminar con una oración.

Independientemente del resultado final de la conversación, terminen siempre con una oración. Si ambos consideran que tuvieron éxito en su conversación, denle gracias a Dios porque, gracias a su ayuda, se logró. Si ambos consideran que no lograron un final satisfactorio, conviene pedirle a Dios que continúe ayudándoles en ese proceso que ya iniciaron. Nunca duden de que Dios está siempre con y entre ustedes, Él estará entre nosotros cuando dos o más nos reunimos en su nombre (Mt 18:19-20), así como también nos prometió estar con nosotros hasta el final de los tiempos (Mt 28:20).

Bibliografía

BENEDICTO XVI, *Deus Caritas Est,* US Conference of Catholic Bishops. Third printing (2007)

BENEDICTO XVI, *Light of the World,* Ignatius Press, San Francisco (2010)

BRANDEN, Nathaniel, *Taking Responsibility,* Published by Simon & Schuster (1997)

Catechism of the Catholic Church, Second Edition, Libreria Editrice Vaticana (1997)

CONWAY, Jim and Sally, *Your Marriage Can Survive Mid-Life Crisis: 10 keys to an intimate marriage,* Thomas Nelson Publishers, Nasville (1987)

ELLIS, Albert and HARPER, Robert, *How to Stop Destroying Your Relationships,* Citadel Press (2001)

FLYNN, Eileen, *Why Believe?: Foundations of Catholic Theology Sheed & Ward* (2000)

FUENTES, Miguel Ángel, *Los hizo varón y mujer,* IVE Press, New York (2006)

FUENTES, Miguel Ángel, *Matrimonio cristiano, natalidad y anticoncepción,* Ive Press, New York (2009)

GLASSER, William and GLASSER, Carleen. *Eight Lessons for a Happier Marriage,* Harper (2007)

GOTTMAN, John and Others, *Why Marriages Succeed or Fail*, Simon and Schuster (1994)

GRASSI, Joseph A., *Informing the Future: Social Justice in the New Testament*, Paulist Press (2003)

GULA, Richard M, *Reason Informed by Faith: Foundation of Catholic Morality*, Paulist Press (1989)

JOHNSTON, Graham, *Preaching to a Postmodern World*, Baker Books, (2007)

JUAN PABLO II, *Fides et Ratio: On the Relationship Between Faith and Reason*, Pauline Books and Media (1998)

JUAN PABLO II, *The Love Within Families*, Origins (1987)

LEBELL, Sharon, *Manual for Living, Epictetus, a New Interpretation*, Hallmark Books (1994)

LOVE, Pat, *The Truth About Love*, Fireside Book (2001)

MARKMAN, Howard and others, *Fighting for Your Marriage*, Jossey-Bass (2001)

NOUWEN, Henri, *El Regreso del Hijo pródigo*, PPC (1966)

O'CONNELL, Mark, *The Marriage Benefit*, Springboard Press (2008)

OTON C., Josep, *Guía de la vida interior*, EDIBESA (2002)

Pablo VI, *Humanae Vitae*, Pauline Books & Media (1968)

RADCLIFFE, Timothy, *What Is the Point of Being a Christian?*, Burns & Oates (2006)

ROHR, Richard, *Jesus' Plan For a New World – The Sermon on the Mount*, San Anthony Messenger Press (1996)

SCARF, Maggie – "Intimate Partners", Pattern in Love and Marriage. Ballantine Books – New York – 2008;

SHECHTMAN, Marrie and Arleah, *Love in Present Tense*, Bull Publishing Company (2004)

STANLEY, Scott and others, *A Lasting Promise: A Christian Guide to Fighting for Your Marriage*, Jossey-Bass (2002)

THOMAS, David, *Christian Marriage, a Journey Together,* Michael Glazier, Inc. (1983)

VATICAN COUNCIL II, *Gaudium et Spes: Pastoral Constitution on The Church in the Modern World,* Dominican Publications, Dublin, Ireland (1995)

WEST, Christopher, *Buena Nueva sobre sexo y matrimonio: Respuestas a tus preguntas honestas sobre la doctrina Católica,* Ascensión Press (2004)

Woititz, JANET, *Struggle for Intimacy,* Health Communications Inc. (1985)